UMBANDA

UMA ESCOLA EVOLUTIVA

André Cozta

UMBANDA
UMA ESCOLA EVOLUTIVA

MADRAS®

© 2017, Madras Editora Ltda.

Editor:
Wagner Veneziani Costa

Produção e Capa:
Equipe Técnica Madras

Revisão:
Jerônimo Feitosa
Maria Cristina Scomparini
Neuza Rosa

Dados Internacionais de Catalogação na Publicação (CIP)
(Câmara Brasileira do Livro, SP, Brasil)

Cozta, André
   Umbanda : uma escola evolutiva / André Cozta. --
São Paulo : Madras, 2017.
   ISBN: 978-85-370-1081-5

1. Evolução espiritual 2. Filosofia de vida
3. Umbanda (Culto) 4. Umbanda (Culto) - Filosofia
I. Título.
17-06622   CDD-299.672

Índices para catálogo sistemático:
1. Umbanda : Religião 299.672

É proibida a reprodução total ou parcial desta obra, de qualquer forma ou por qualquer meio eletrônico, mecânico, inclusive por meio de processos xerográficos, incluindo ainda o uso da internet, sem a permissão expressa da Madras Editora, na pessoa de seu editor (Lei nº 9.610, de 19/2/1998).

Todos os direitos desta edição reservados pela

MADRAS EDITORA LTDA.
Rua Paulo Gonçalves, 88 – Santana
CEP: 02403-020 – São Paulo/SP
Caixa Postal: 12183 – CEP: 02013-970
Tel.: (11) 2281-5555 – Fax: (11) 2959-3090
www.madras.com.br

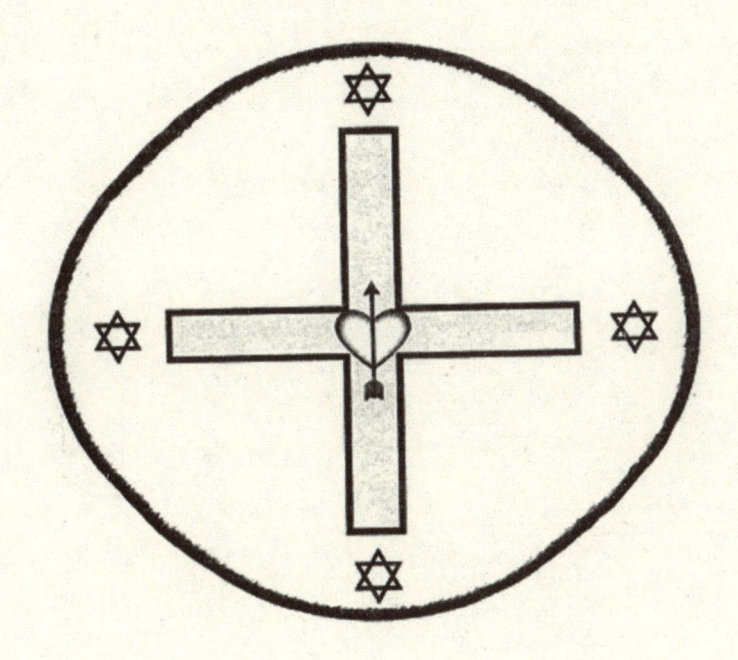

"Não há equilíbrio sem estabilidade, não há estabilidade sem equilíbrio; não há evolução sem justiça, não há justiça sem evolução."

Mestre Rhady

Dedico esta obra à minha amada Cilene Araújo, minha esposa, leal companheira de jornada. Agradeço por tudo o que tens feito por mim e por tudo o que ainda virá. Sempre te dedicarei o meu amor!

Índice

Apresentação (Mestre Gehusyoh) 11
Umbanda & Sociedade 15
Umbanda: uma Escola Evolutiva, uma Filosofia de Vida............ 17
Século XX: a Inserção da Umbanda
na Sociedade Ocidental 27
Umbanda Brasileira, Universal e Universalista 41
A Umbanda, a Liberdade de Expressão
e a Liberdade do Espírito... 55
A Umbanda e o Preconceito... 63
Sob a Égide do Divino Oxalá (o Espaço), o Tempo, a Lei
e a Evolução Regulam os Movimentos da Sociedade.................. 71
Guerra e Paz: a Umbanda Torna-se
Fundamental no Reequilíbrio Social 81
A Umbanda e o Carma.. 91
A Umbanda perante as Injustiças Sociais 101
Amor, Geração e Conhecimento: Pilares da Umbanda................ 113
Umbanda e uma Nova Sociedade: o Ser humano
em Equilíbrio com a Natureza 131
Um Agradecimento Especial 137
Comentário Final – Pai Thomé do Congo..................................... 139
Conceitos Fundamentais.. 141
Meu Nome é Umbanda... 143

Apresentação

A Fé, primeiro sentido básico e fundamental na estrada evolutiva dos seres, não pode nem deve ser dissociada dos movimentos da sociedade em questão. Porque, sem ela, não há Evolução. E sem Evolução não há movimento. E justamente para que houvesse uma movimentação evolutiva nossa Divina Origem exteriorizou-se por intermédio das Divindades manifestadoras dos Seus Divinos Princípios e, a partir delas, de tudo o que manifesta Vida em Sua Criação.

Pensando assim, podemos observar e concluir que a sociedade em que vivem hoje, neste país denominado Brasil, reflete uma série de movimentos realizados pelos espíritos humanos que aí encarnaram, assim como, também, na contraparte astral desta sociedade, por espíritos incansáveis que trabalham para a evolução reta e sadia deste pedaço da Criação Divina (no astral e na matéria), situado no Hemisfério Sul deste planeta.

Não foi por acaso que esta terra foi escolhida como ponto de partida para um movimento evolutivo, conhecido por todos como Umbanda, e que deverá contribuir para o progresso sadio da humanidade, por intermédio da Fé, do Amor Divino, tendo no Conhecimento mola propulsora fundamental para uma evolução distante de vícios e ilusões.

A Umbanda se apresenta hoje como um movimento de fé e religiosidade que tem servido à Criação de forma caritativa, trazendo alento, alívio e cura para espíritos e consciências, muitas vezes, perdidos e atormentados. E cumpre bem esta função que lhe foi designada pela Lei Divina desde a sua criação no astral e, logo em seguida, na sua manifestação entre os humanos, na matéria.

Porém, nesta obra, poderão perceber que um leque riquíssimo se abre, de agora em diante, na manifestação e nos trabalhos desta que definimos carinhosamente como uma escola evolutiva. A Umbanda deve mostrar à sociedade vigente no mundo material que não há Fé sem Conhecimento. Não devem mais, em hipótese alguma, os humanos encarnados, cultivar a ignorância, apregoando o anticonhecimento.

Só há uma forma de se absorver conhecimento e informações: por meio do estudo. Assim é em todas as realidades do astral. Por que deverá ser diferente aí? Reflitam, humanos encarnados! Busquem em seus mentores e mentoras, mestres e mestras, guias e orientadores espirituais, as respostas para esta questão. Com certeza, encontrarão os verbos do saber e do conhecimento ressonando em seus mentais.

A ordenação equilibrada pode trazer muitos frutos à vida do ser. Falo da vida como um todo e não somente da vida material, como muitos teimam em enxergar, limitando suas visões. Entender a sociedade na qual vivem, com todos os seus movimentos caóticos, é o primeiro passo para que compreendam a necessidade da Umbanda neste mundo manifestado.

Este movimento evolutivo, povoado de mistérios manifestadores dos Poderes de Deus trabalhando em prol da evolução do Todo, é sim um movimento político e social! Pasmem! A parcial compreensão da política por muitos que aí vivem pode confundir suas mentes. Mas tentarei ser mais claro: o termo "política" tem origem grega e define a arte ou ciência de administrar ou organizar a "polis" (cidade-estado na Grécia Antiga).

Em obras dos senhores Platão e Aristóteles (entre outros), afixadas no plano material com profundas e sérias reflexões direcionadoras da sociedade vigente, pode-se compreender melhor a política sem os vícios e sujeiras que atualmente contaminam os movimentos políticos, especialmente no país onde vivem.

Portanto, já com uma compreensão mais clara, podem enxergar o trabalho espiritual da Umbanda como um trabalho político (organizacional, ordenador) da sociedade vigente no Brasil e, muito em breve, em todos os continentes deste mundo material. Só peço que não confundam este trabalho político a que me refiro com interesses mesquinhos e pessoais de seres equivocados que podem se utilizar da Umbanda para suas promoções.

Nós, trabalhadores do astral, temos um trabalho político incansável. Porque é na organização das sociedades em que vivemos que encontramos o melhor passo para cada momento de nossas evoluções. E é com o intuito de levar os aprendizados que absorvemos em nossas comunidades por aqui que nós usamos da Umbanda para chegar até vocês, encarnados.

Uma sociedade organizada e justa traz em si benesses a todos aqueles que nela vivem. Infelizmente, no mundo material isto se mostra muito distante. Mas os umbandistas, quando mais atentos, podem perceber, na manifestação e nos trabalhos dos seus templos, isto tudo que citei. E se esta ordem e equilíbrio ainda assim não se fizerem claras para alguns... ou para muitos, propomos que os dirigentes espirituais e trabalhadores em geral mostrem de forma clara àqueles que ainda não enxergam como isso acontece.

Mas como demonstrar isso claramente? Não há outro método eficaz, além do Conhecimento. Os templos de Umbanda, manifestadores da fé religiosa, devem apresentar-se também como templos sagrados do conhecimento. E, se o conhecimento lhes chega por intermédio da manifestação e da sabedoria dos mistérios apresentados e representados pelos guias espirituais, também deve chegar por aqueles trabalhadores encarnados, devidamente preparados, que transmitirão as informações aos seus irmãos e irmãs.

Isso já vem acontecendo na Umbanda como um movimento crescente, porém muito ainda deve ser feito neste sentido. Muitos templos ainda resistem ao conhecimento. E este será um dos pontos abordados nesta obra, fazendo uma ligação direta entre as feridas da ignorância e a sociedade brasileira. Que correlação é esta?

Temos buscado preparar nosso médium para abordar estas questões. E, neste momento, já podemos transmitir uma série de conclusões por nós obtidas acerca do movimento umbandista no Brasil e seus resultados na sociedade vigente.

Esperamos que esta obra possa trazer uma reflexão saudável. E que contribua para mudanças de pensamento e atitude, levando a Umbanda a realizar o que é realmente sua função: contribuir verdadeiramente para a evolução do planeta como um todo, não só entre os humanos (encarnados e desencarnados), mas em todas as suas dimensões, níveis e subníveis.

Que a Paz Divina esteja em todos!

Mestre Gehusyoh
Mago Dirigente da "Ordem Mágica Caminhos da Evolução"

Umbanda & Sociedade

Esta é uma obra que traz reflexões acerca das funções da Umbanda em nossa sociedade. Reflexões estas que devem servir como referência para que possamos prosseguir trabalhando em prol da evolução da Criação como um todo. Mas eis um ponto crucial: sempre falamos em nossos trabalhos, em livros, apostilas e cursos, na Criação de uma forma "abstrata"! E, muitas vezes, não nos apercebemos de que ela começa em nossos íntimos e vai se reproduzindo externamente em nosso quarto, nossa casa, nossa rua, bairro, cidade, estado, país, continente... em nossa sociedade.

Então, para que haja, de fato, evolução constante na Criação, as mudanças e movimentos positivos devem começar por mim, por você e, consequentemente, ao nosso redor, em nossos grupos de convivência. Não acreditamos em evolução isolada, porque estaremos nos banhando em ilusão. Não há evolução, partindo da ótica humana, sem sociedade.

Naturalmente, somos seres sociais e sociáveis e necessitamos da troca, da convivência com nossos semelhantes. Isole-se em uma ilha, montanha, floresta ou qualquer outro ponto da Natureza. Desenvolva sua mente e consciência. Mas, em dado momento, sentirá a necessidade de transmitir tudo o que aprendeu. E ao menos com outra pessoa você trocará suas experiências. Eis, então, um convívio (ainda que pequeno) em sociedade.

Conviver socialmente nos faz exercitar o tempo todo a arte da negociação. Negociar o espaço, o tempo, as atividades... tudo isso nos obriga a lidarmos com os limites, nossos e do meio. Porque um meio-termo deve haver no que concerne a espaço, mas também a direitos. "O direito de um cessa quando começa o de outrem"... esta máxima ouvimos desde sempre e a absorvemos como verdade.

Verdades não são absolutas. A única verdade absoluta é Deus, nosso Pai Criador/Mãe Geradora. Mas regras sempre se fizeram necessárias para o convívio em sociedade. Melhor isolar-se? Então, que se isole quem assim preferir, mas vá sabendo que perderá o grande aprendizado da troca, que só o convívio social nos propicia.

A Umbanda é (mesmo que não percebamos) uma grande escola social. Porque nos ensina a lidar com nossos limites, respeitando o espaço e os direitos dos nossos semelhantes. Se soubermos beber da essência do que nos é trazido pela Umbanda diretamente da fonte e aplicarmos realmente esses ensinamentos em nosso dia a dia, construiremos uma sociedade igualitária.

Então, neste ponto, chegamos à conclusão de que a Umbanda é um movimento revolucionário. Assim já se mostrou na sua primeira manifestação, quando, além do Senhor Caboclo das Sete Encruzilhadas, vários espíritos de pretos-velhos e caboclos incorporaram nos médiuns em uma mesa espírita, demonstrando que para Deus não há seres melhores ou maiores do que os outros. Todos aqueles que ao Criador quiserem servir terão seu quinhão e seu espaço de trabalho.

Umbanda revolucionária, escola evolutiva, filosofia de vida, mola propulsora para a evolução social e do planeta. Partindo destes pontos, buscaremos provocar em você, caro leitor, uma reflexão acerca da participação dela na sua vida e da sua na sociedade. E que tudo isto sirva para que você repense e conclua se, de fato, a Umbanda está na sua vida 24 horas por dia, sete dias por semana, 30 por mês e 365 dias por ano.

Se assim não estiver ocorrendo, repense-se, pois, tenha certeza, a Umbanda quer estar na sua vida o tempo todo e não somente quando adentrar um templo para assistir a um ritual ou dele participar ativamente.

Um abraço e um Saravá fraterno! Boa leitura!

André Cozta

Umbanda: uma Escola Evolutiva, uma Filosofia de Vida

Pensando em escola de forma convencional, visualizamos uma sala de aula com carteiras, alunos sentados e um professor ou professora à frente de todos, transmitindo os ensinamentos. Mas não nos apercebemos que aqueles ensinamentos dados em sala de aula refletirão na vida do aluno fora dali. Se for um aluno bem aplicado, pensará, meditará e levará para o seu dia a dia e para a sua vida muitos dos ensinamentos adquiridos na escola. Nem que seja, ao menos, nos momentos em que estiver memorizando aquele aprendizado para bom desempenho nos testes e provas.

Então, sabendo que os ensinamentos da escola se refletem em todos os momentos da vida cotidiana dos seres, podemos entender melhor a função de uma escola evolutiva em nossas vidas. No caso da nossa amada Umbanda, estes ensinamentos nos são passados pelos guias espirituais durante os trabalhos, mas também, hoje em dia, por médiuns, dirigentes e instrutores devidamente preparados.

E do templo saíremos refletindo acerca das informações absorvidas, cristalizando-as como ensinamentos em nosso ser imortal. E isto nos mostrará quão importante se faz a Umbanda em nossas vidas. Porque, muito além de um ambiente de paz, tranquilidade e harmonia, que nos equilibra, estará trabalhando ativamente na nossa reforma íntima e em nossa evolução.

Uma escola evolutiva deve se fazer presente em nossas vidas o tempo todo, diuturnamente. O que quer dizer que a Umbanda, que é indubitavelmente uma destas escolas, não deve ser lembrada e praticada somente nos dias e horários dos trabalhos espirituais. Deve estar no íntimo de cada um, refletindo seus ensinamentos o tempo inteiro no convívio social, seja no trabalho, em família ou entre amigos.

Nas rodas sociais, o umbandista pode exercitar e ter a autocomprovação de que realmente é umbandista e não se torna umbandista somente nos momentos ritualísticos. É fácil se dizer adepto ou praticante, um pouco mais difícil é conseguir se manter com atitudes condizentes com a filosofia de vida que segue. Exatamente porque, se não compreender a Umbanda como tal, estará "chovendo no molhado", pois uma coisa é certa: a Umbanda entra em sua vida não só para trazer ensinamentos, mas também para afixar-se no seu íntimo como uma filosofia renovadora, reformadora e transmutadora.

E o grande teste para comprovação de que absorveu o conteúdo ensinado é no convívio em sociedade, uma vez que nossa sociedade ocidental capitalista e de consumo tem nuanças próprias, armadilhas, altos e baixos que, facilmente, banham os seres em ilusão.

Quando, em um trabalho espiritual, ouço conselhos e ensinamentos de um guia, imediatamente penso ter absorvido aquilo tudo. Pouco tempo depois, no mundo fora do terreiro, acabo caindo justamente nas armadilhas alertadas por aquele guia, sem me dar conta disso. E, anestesiado que estou, inicio um processo de autossucumbimento.

Muitas vezes, olhamos para um templo sagrado de Umbanda e o enxergamos "flutuando" à parte de nossa sociedade, do mundo em que vivemos. Este é um equívoco, afinal a Umbanda está em nossas vidas para direcionar nossas evoluções, das quais não podemos dissociar nossa caminhada terrena. As etapas encarnatórias são fundamentais para nosso aprendizado e evolução. E esta escola evolutiva que se coloca a nós, neste momento, é uma benesse concedida por Deus.

E deverá se tornar presente em nossa jornada como um todo. Os movimentos do dia a dia, que nos fazem seres sociais e sociáveis, devem conter em si nossa filosofia de vida, seja ela qual for. Se assim não for, é porque vivemos no "automático" e não carregamos no íntimo filosofia alguma. Então, nos movimentos cotidianos, nós, umbandistas, deveremos manifestar os ensinamentos adquiridos colocando-os em prática, o tempo todo. Se assim não for, a Umbanda não está dentro de nós.

Mas eis a questão: decorar ensinamentos é relativamente fácil, já absorvê-los no espírito, na alma e no coração torna-se um pouco mais difícil. Porém, nunca impossível! Talvez seja necessária uma dose de sacrifício. Dose esta maior para uns, menor para outros. E isso pouco importa, quando estamos embebidos e focados em alcançar degraus que nos levarão à evolução e ascensão espiritual e consciencial.

Fala-se muito, nos meios umbandistas, em evolução espiritual, que, diga-se de passagem, é válida, justa e deve ocorrer. Porém, esta escola evolutiva umbandista nos mostra que, antes de sermos espíritos, somos consciências exteriorizadas por nossa Origem Divina (Deus). E consciências seremos por toda a eternidade, até mesmo quando a jornada espiritual acabar. Será quando manifestaremos Deus naturalmente. E, se assim somos e sempre seremos, despertemos como consciências vivas e de origem divina!

Uma escola evolutiva viva e ativa

Os ensinamentos da Umbanda só passam despercebidos por alguém muito desatento ou com pouca vontade de aprender. Durante seu primeiro século de manifestação, os guias espirituais nos trouxeram, ora simbolicamente, de forma metafórica, ora explicitamente, muitos aprendizados, muitas lições evolutivas de vida.

Basta que observemos as palavras das entidades durante os trabalhos, tanto em consultas particulares quanto em palestras coletivas. Muitos dirigentes e médiuns, atentos e aplicados, usufruíram desses ensinamentos e fizeram do limão uma saborosa limonada, distribuindo-a harmonicamente entre aqueles que estavam ao seu redor. Este é um movimento social interessante.

Porém, de forma condenável, alguns médiuns e dirigentes escamotearam conhecimentos adquiridos e, em alguns casos, usaram-nos pensando poder adquirir benefícios pessoais. Pois, saibam, todos estes, no momento do desencarne, são colocados ante a Lei Maior, prestando contas na esfera do Conhecimento. Posso afirmar que são acertos não muito amigáveis!

Mais recentemente, a Umbanda trouxe de presente aos seus adeptos e fiéis sua própria teologia, por intermédio do Mestre Rubens Saraceni, manifestando ensinamentos de Pai Benedito de Aruanda e Mestre Seiman Hamiser Yê (um Senhor Ogum Megê Sete Espadas da Lei e da Vida). E, a partir de então, um movimento crescente e pulsante de ensinamentos passou a povoar o meio umbandista. Uma vasta literatura consistente, partindo deste Mestre encarnado e, em seguida, de seguidores da filosofia por ele trazida, estabeleceu-se e vem se cristalizando ao longo do tempo.

Se os ensinamentos trazidos pelos guias e mentores espirituais já faziam da Umbanda uma escola evolutiva viva e ativa, com a afirmação de sua teologia e literatura, ela se cristaliza como uma filosofia de vida, direcionadora e condutora das evoluções daqueles que a ela se colocam como servidores e beneficiários.

Mais uma questão: servir à Umbanda ou beneficiar-se dela? Como escola e via evolutiva que é, posso afirmar que, em verdade, não é a ela que servimos, mas a Deus e Sua Criação. A escola evolutiva apresenta-se como um veículo que nos conduz para que possamos servir.

Devemos servir nos beneficiando e beneficiarmo-nos servindo. Concomitantemente, vamos trabalhando por intermédio desta escola evolutiva, em benefício do todo, auxiliando nossos semelhantes. Mas de nada isso adiantará se não trabalharmos em nosso benefício, de nossa própria evolução. Assim, na medida correta, atuaremos como servidores e beneficiários.

Isto quer dizer que todo umbandista deve ser médium ativo em terreiros? De forma alguma! Seguir a filosofia umbandista dispensa preceitos, apresentações, ritos. Exige apenas que seu coração se volte para esta escola.

Estes ensinamentos poderão ser exteriorizados no seu dia a dia, com seus atos. E também passados a todos aqueles ao seu redor que se interessarem pela filosofia umbandista. Para isso, será necessário que estude e absorva, imprimindo em seu íntimo esta filosofia de vida.

Após a absorção destes ensinamentos, se você se sentir atraído ou chamado para ser um trabalhador de Umbanda, aí, sim, os ritos e preceitos farão parte da sua vida.

Filosofia de vida: teoria e prática

Enquanto filosofia de Vida, a Umbanda se apresentará no seu dia a dia de modo peculiar. Não exigirá nada de você além da ética e da coerência. Em uma obra na qual buscamos falar da correlação entre uma determinada filosofia e a vida em sociedade, é preciso que se coloquem os pontos em seus devidos lugares. E é isto que buscaremos neste tópico.

Quem adere a uma filosofia, adere a uma forma de vida, de vê-la e de pensá-la. Qual deve ser, então, o pensamento básico e primal desta filosofia denominada Umbanda, para que realmente se aplique na minha vida e eu a siga de fato?

Amor a Deus e a tudo o que Ele/Ela Criou e manifestou. Tudo o que há vida é divino, e, assim como nós, os humanos, tem origem na Origem de tudo e todos, que é nosso Pai Criador e Mãe Geradora Olorum. Portanto, preservar o que é vivo e divino é nosso dever e deve ser feito com amor. A Natureza como um todo, da qual fazemos parte, é nosso mais puro altar. Tratá-la com amor, respeito e reverência deveria fluir naturalmente em nós, mas, infelizmente, há muito já não mais manifestamos esse amor.

Observar os movimentos sociais nos faz concluir que o meio faz os indivíduos. Ao longo dos últimos milênios, a humanidade tem dado as costas a Deus, lembrando-se da sua existência somente quanto tem necessidades pessoais que os seres julgam ser fundamentais para si.

É neste momento que percebemos (como citei anteriormente) que se torna doloroso absorver os ensinamentos desta escola evolutiva que nos leva a uma filosofia de vida a qual nos faz voltarmos para Deus (nossa Origem Divina), de quem nunca deveríamos ter-nos afastado. Este movimento requer entrega não somente espiritual, mas, principalmente, consciencial.

Consciências são o que somos na origem. E a dor se mostra justamente quando nela (a consciência) tocamos. Sei que é desconfortável abordar este assunto. Mas é mais do que necessário neste momento, pois de nada adianta adentrar o templo nos trabalhos espirituais, tomar um passe, ouvir os ensinamentos dos guias sem quase nada absorver e de lá sair descarregado, porém ainda anestesiado.

Entendamos: há um recurso da Lei Maior denominado livre-arbítrio e que, dependendo única e exclusivamente de nós, poderá servir como uma mola propulsora das nossas mudanças íntimas ou uma travadora das mesmas. Se optarmos pela segunda alternativa, muito pouco ou quase nada, os guias espirituais e a Umbanda poderão fazer pos nós.

Então, anestesiado, fica fácil o ser reclamar que foi a um templo umbandista e que de nada adiantou. Mas não fez uma autoavaliação e observou o bloqueio que promoveu em si mesmo. Enquanto não nos conscientizarmos de que a ilusão atua de modo magistral em nosso interior, não teremos como eliminá-la. E ela nos pega por onde menos esperamos, em nosso cotidiano, em atividades e recursos que, cada vez mais, nos afastam da Origem. Reflitamos!

Adotar uma filosofia de vida que nos leve de volta à Origem, de forma harmônica, equilibrada e ordenada, requer, sim, mudanças de hábitos, atitudes e que abramos mão de futilidades que tomam o nosso tempo. Este movimento é doloroso, considerando que as "tentações" do dia a dia clamam nossa presença o tempo todo. Porém, queremos ou não evoluir? Ou passaremos a eternidade buscando auxílio externo, quando a solução está dentro de nós.

Enxergar a Umbanda como uma escola evolutiva e uma filosofia de vida é perceber que ela não é muleta emocional nem balcão de negócios. Enxergá-la como um movimento social que, a partir da Fé e da religiosidade, passa pelo Conhecimento para conduzir a evolução dos seres é ver nela suas principais qualidades e funções, sem esquecer do Amor que se manifesta de Deus para nós, do Equilíbrio e da Ordenação e da Geração em nossa caminhada evolutiva.

Com estes sete predicados divinos (fé, amor, conhecimento, equilíbrio, ordem, evolução e geração), nossa filosofia de vida se mostra completa. Estamos prontos para reiniciar a caminhada de modo sadio. E mostraremos à nossa sociedade que ser umbandista é ser um trabalhador incansável nesta Criação, buscando harmonia, paz e crescimento na rua, no bairro, na cidade, estado, país, continente...

Porque a Umbanda só estará realmente pronta para ganhar este mundo material quando os umbandistas estiverem prontos. Ela foi colocada no Brasil como seu ponto da partida e será a partir daqui, com todos devidamente preparados, que dará seu pontapé inicial para que cumpra tudo o que lhe é designado como escola evolutiva, filosofia de vida, religião de fé e amor.

Então, umbandistas brasileiros, preparemo-nos para a construção desta grande obra!

Ética

Uma vida em sociedade sem ética vai minando aos poucos o convívio entre os grupos até que comece a gerar o caos em determinada comunidade. A falta desta qualidade fundamental para o convívio social pode minar e acabar com uma sociedade, comunidade ou agrupamento de pessoas, se o mal não for cortado pela raiz logo no início.

A Umbanda reflete, em suas lidas, a nossa sociedade. Por ser construída, constituída, concretizada e realizada aqui no mundo material por espíritos humanos encarnados, necessitados de aprendizados dos mais variados para o aperfeiçoamento evolutivo. Então, não estão isentos os meios umbandistas de movimentos antiéticos, daninhos e nocivos ao cumprimento dos objetivos desta escola evolutiva.

Sem ética, um agrupamento umbandista começará a ruir e o templo onde se aloja nossa preciosa escola sucumbirá, mais cedo ou mais tarde. Pois é dever de dirigentes espirituais e médiuns fiscalizarem o tempo todo conversas, atitudes, falações e falácias. Se assim ocorrer, todo mal será cortado pela raiz. Mas, para isso, deve haver boa vontade de todos, especialmente do dirigente.

A máxima do "dividir para imperar" não deve vigorar nos templos umbandistas, pois, quando este tipo de mentalidade parte do sacerdote, tenha certeza, a falta de ética tem origem naquele que dirige a casa. Neste caso, não há esforço de quem quer que seja que produza bons resultados. Se você passar por situação semelhante e estiver bem-intencionado, desista e busque seu caminho em outra seara.

A ética deve vir sempre nutrida de bom senso. Nem tudo o que se ouve pelos cantos de um templo umbandista deve ser levado em consideração ao pé da letra. O velho "telefone sem fio", muitas vezes, produz fofocas e falações que só prejudicam o bom andamento dos trabalhos. Nestes casos, o equilíbrio deve imperar e a balança da justiça do Sagrado Pai Xangô deve sempre ser usada como instrumento abalisador dessas situações.

E esse desserviço serve e beneficia a quem? Com certeza, não à Umbanda, mas àqueles (encarnados e desencarnados) que se sentem prejudicados e atrapalhados pelo trabalho realizador, equilibrador e transmutador realizado nos templos.

Observar melhor tudo ao redor e procurar agir com sabedoria é dever de todo dirigente e médium umbandista. Não deixar que problemas pessoais ou pontuais cheguem aos frequentadores é zelar pelo bom desempenho dos trabalhos. Por isso, mais do que nunca o estudo, o conhecimento e a educação mediúnica, comportamental e social fazem-se necessários a todos os trabalhadores umbandistas. Somente por meio deles a conscientização real chegará a cada um.

É necessário, a partir de agora, percebermos que a Umbanda nos exige primorosidade, aperfeiçoamento, nos mais variados detalhes, dentro e fora do templo. Nossos atos serão julgados, especialmente por aqueles que querem nos prejudicar, sem dó ou piedade. É claro, o julgamento não deve fazer parte do nosso dia a dia, pois, sabemos, não é da nossa alçada realizá-lo. Mas também não devemos nos colocar como alvos fáceis da manifestação ignorante e atitudes equivocadas de outros. Precaver-se é, sempre, a prevenção que dispensa o remédio logo à frente.

Quando me refiro a atitudes, atos ou ações no dia a dia do umbandista, falo exatamente dos males que a língua ferina e a falta de ética podem produzir. Não é porque estou fora do templo ou do ritual que deixo de ser umbandista. E não devo, nas ocasiões que se apresentam no dia a dia, ser antiético, julgador, preconceituoso e fofoqueiro.

As minhas ações fora do templo se refletirão, de uma forma ou de outra, lá dentro; afinal, eu estou na Umbanda, mas a Umbanda também está em mim. E ninguém consegue ser uma personalidade em um determinado ambiente e outra em outros. A vida nos mostra sempre que aquele que age de forma antiética no trabalho, por exemplo, assim o fará em outros grupos dos quais participa.

Convivemos em grupos, comunidades variadas, muitas vezes, mas dentro de uma mesma sociedade, onde as leis e regras de conduta são idênticas para todos. Até porque, se cada grupo ou comunidade tivesse regras divergentes, viveríamos em uma "Torre de Babel Social" e não nos entenderíamos, tendo o caos à nossa vista como uma constante.

Por isso, fiscalizar os pensamentos, primeiramente, regular e controlar falas e atos, procurar sempre a harmonia e, quando esta não for possível, manter-se afastado de pessoas e situações que podem gerar problemas para si e, principalmente, para a imagem da Umbanda são ações de guarda e preservação, mas também de sabedoria, no que diz respeito à preocupação com o crescimento e a disseminação sadia desta escola evolutiva.

Sempre que ocorrer algum problema, seja no meio umbandista ou social (trabalho, escola, faculdade, família ou grupo de amigos), busque a sensatez. Lembre-se de que é umbandista, adepto de uma filosofia de vida que prega a ética, com fé, amor, conhecimento, equilíbrio, ordenação, sabedoria e criatividade. Creia nisso, de fato, veja nestes sentidos as sete linhas de Umbanda e se aperceberá, no meio do caminho, modificado intimamente.

Que a ética impere sempre dentro da Umbanda, para que, a partir dela, possamos construir uma sociedade igualitária.

E que você possa, ao final desta obra, ter em si a convicção de que a Umbanda é um movimento social, religioso, cultural e revolucionário, cuja grande arma é a Fé, praticada com Amor, Conhecimento, Equilíbrio, Ordenação, para que nossa socidade trilhe corretamente pela senda da Evolução, Gerando sempre benesses para tudo e todos.

Sejamos, por intermédio da Umbanda, os responsáveis pelas grandes mudanças há muito necessárias neste mundo material.

Século XX: a Inserção da Umbanda na Sociedade Ocidental

Segundo o Mestre Rubens Saraceni, a Umbanda começou a ser planejada no astral, aproximadamente, na metade do século XIX. Em obra de nossa autoria, publicada pela Madras Editora, intitulada *Nas Amarras da Arrogância – A Queda de um Cavaleiro Amargurado*, terceiro e último livro da trilogia *O Preto-Velho Mago*, Pai Cipriano do Cruzeiro das Almas nos mostra movimentação no astral, de arrebatamento de espíritos caídos para a Umbanda, no ano 1835.

Mais importante do que a data exata é visualizarmos este movimento sendo gerado no lado etérico da América do Sul, construindo e constituindo o que seria anunciado, mais tarde, em 1908, aqui no Brasil, pelo Senhor Caboclo das Sete Encruzilhadas.

É certo que os guias da futura escola filosófica religiosa evolutiva já se apresentavam em rituais de nação pelo Brasil afora, atuando em alguns terreiros, dando consultas, auxiliando os encarnados, ainda de forma "improvisada". Ocorria, naquele momento, um ensaio para a manifestação da Umbanda no plano material, já vislumbrada por todos os organizadores e participantes deste movimento.

Percebam que, no período citado no início deste comentário, o Brasil ainda teimava e insistia em manter os negros presos em cativeiros, tratando-os como seres inferiores. Eram tidos como animais, e cabe aqui uma observação: o equívoco, neste caso, começa e termina no mesmo lugar, quando vemos os nossos irmãos animais como seres inferiores a nós. Mas o preconceito será abordado de modo devido mais à frente nesta obra.

Quando da manifestação da Umbanda, em 1908, no Estado do Rio de Janeiro, uma linha vibratória ordenadora da Lei Maior desceu àquele local escolhido para o ponto de partida oficial, dando sustentação ao senhor Zélio Fernandino de Moraes e toda sua egrégora para que, a partir dali, com condições energéticas e amparo divino e espiritual, pudessem concretizar e cristalizar o movimento evolutivo umbandista no Brasil.

Tudo o que aqui descrevemos são ensinamentos a nós transmitidos por Mestres da Evolução, mentores e guias espirituais de Umbanda.

A nova religião é anunciada oficialmente no Brasil em 15 de novembro de 1908, em uma mesa espírita na cidade de Niterói-RJ, onde o Senhor Caboclo das Sete Encruzilhadas nos mostra o que seria este movimento, a partir da Fé, e como atuaria em nossa sociedade. Não é nosso objetivo nesta obra descrever detalhadamente os fatos históricos, até mesmo porque já estão publicados em livros de autores sérios e de alta credibilidade no meio umbandista.

Mas procuraremos, a partir destes fatos e das informações a nós passadas pelos mestres, fazer uma ligação deste movimento em nossa sociedade e no astral. Porém, para que possamos compreender o que aqui será descrito de forma clara, faz-se necessário que nos dispamos de preconceitos e julgamentos, procurando analisar de modo racional estas ligações. Se encontrarmos lógica, veremos que o que aqui será descrito faz sentido. Caso não encontremos, então busquemos respostas em outros caminhos.

A sociedade brasileira no início do século XX não possuía mais em seu bojo a escravatura. Os negros eram oficialmente livres, podiam transitar como tal, mas liberdade em si carrega, obrigatoriamente, condições plenas de uma sobrevivência digna. E isto não acontecia, visto que os negros "livres" continuavam discriminados por toda a nossa sociedade branca dominante e tidos como seres inferiores.

Receberam alforria, mas não liberdade, o que os jogou na marginalidade. Uma sociedade justa e igualitária deve promover a todos as mesmas condições de sobrevivência e crescimento. Aquele que conseguir encontrar isto de forma plena em algum momento na civilização humana encarnada, ao menos, aqui no Ocidente, por favor, nos indique para que tenhamos conhecimento.

No período que temos como oficial na história deste território, muitos espíritos encarnaram, designados pela Lei Maior a viverem e experienciarem na matéria tudo o que lhes pudesse criar condições para que, de volta ao lado etérico da vida, construíssem e constituíssem linhas de trabalho espirituais sob a égide e irradiação dos Sagrados Orixás.

Podemos entender, então, que, na maioria dos casos, os senhores comandantes, hierarcas, das inúmeras linhas de trabalho umbandistas, aqui no mundo material encarnaram e passaram por tudo o que se fazia necessário para a concretização da tarefa designada.

Mas também devemos considerar que todos estes espíritos de senhores e senhoras hierarcas de mistérios espirituais sempre estiveram (como todos nós) ligados às hierarquias divinas e, durante séculos, milênios até, viveram experiências com altos e baixos, encarnando nos mais variados pontos do mundo material e vivendo experiências no lado astral da vida (tanto no polo positivo quanto no negativo) que propiciaram chegar ao novo movimento evolutivo em condições de comandar estas linhas de trabalho.

Toda linha de trabalho espiritual tem uma correspondência natural. Trocando em miúdos, uma linha de trabalho que se manifesta por intermédio da Umbanda em um arquétipo a nós ligado culturalmente tem uma correspondência energética com alguma das dimensões paralelas povoadas por seres naturais não encarnantes que cumprem suas evoluções naturais, como assim determina Olorum, nosso Pai Criador e Mãe Geradora.

Uma linha de caboclos ou de pretos-velhos, de baianos, e até mesmo de exus e pombagiras, possui uma correspondência em uma das dimensões paralelas naturais à nossa direita ou à nossa esquerda, e ambos os lados desta correspondência energética são irradiados, sustentados e amparados por um par (casal) de Orixás.

Mas precisamos compreender que esta correspondência é energética. Uma linha espiritual de trabalhos manifesta Poderes Divinos. É, em si, um mistério, pois por si só se sustenta e realiza. Então, se do lado de cá se manifesta sob um arquétipo compreensível à nossa limitação cultural, em uma dimensão paralela manifesta-se de forma compreensível àqueles irmãos e irmãs que lá vivem. Porém, a irradiação que os sustenta e permite que realizem aqui na dimensão humana e nas naturais paralelas seus trabalhos é a mesma.

A partir deste entendimento, podemos concluir que a Umbanda é (como sempre afirmou Pai Benedito de Aruanda) uma religião natural, pois tem correspondência direta com a Natureza Mãe, não somente da forma como conseguimos aqui visualizar, mas também pela ligação com estas dimensões paralelas, acessadas por alguns guias e mestres através de portais invisíveis e incompreensíveis a nós, por enquanto.

Espero que esta parte da dissertação esteja compreensível, pois agora voltaremos à análise da Umbanda na sociedade brasileira e ocidental em seu primeiro século de existência e atuação.

Muitos hierarcas de mistérios que se manifestam como linhas de trabalho umbandistas encarnaram aqui no Brasil e nos quatro cantos do mundo. Vamos entender, primeiramente, que as linhas de trabalho não foram criadas para a Umbanda. Esta é uma forma de trabalho divino e espiritual que existe desde que o mundo é mundo. Em verdade, a Umbanda foi criada, entre outros objetivos, para dar sustentação a essas linhas de trabalho (espirituais e/ou naturais) e tudo o mais que seja irradiado pelas hierarquias divinas dos Sagrados Orixás.

Em dado momento, surgiu a necessidade de uma organização maior que reunisse essas linhas de trabalho em prol de um objetivo evolutivo comum. O Brasil foi o ponto escolhido para esta manifestação, pois esta pátria, desde sempre, vem sendo preparada para ser o ponto de partida da manifestação divina neste mundo material. Isto é sério, correto e nos é afirmado e confirmado pelos mestres que nos orientam. Portanto, não se trata de falácia espiritualista.

Cada filosofia que vislumbra este objetivo manifesta-o por intermédio de uma linguagem própria condizente com o grau de compreensão de seus adeptos e seguidores. Nós usamos uma forma que, segundo os mestres, fala a "língua" dos umbandistas.

Os Senhores da Lei Maior, percebendo essa necessidade de organização, passaram a mobilizar espíritos para que colocassem suas linhas de trabalho a serviço do novo movimento. Mas qual a melhor forma de apresentá-lo? Em uníssono e de forma unânime, todos concluíram que, por intermédio da Fé e da Religiosidade, manifestando-se sob arquétipos compreensíveis aos mais humildes e com simplicidade, alcançariam rapidamente o objetivo traçado. E foi exatamente assim que aconteceu!

Sabiam os mentores dessa realização que a desconfiança e o preconceito surgiriam e muitas dificuldades por aqui, do lado material, seriam enfrentadas. Por isso, todo espírito que encarnou e encarna até hoje com a incumbência de manter a Umbanda viva entre nós é preparado no astral, fortalecido, banhado e embebido em força, coragem e determinação. Parece abstrato, mas esses verbos cumprem funções fundamentais e possuem correspondência energética na Criação.

Sejamos realistas, vivemos em uma sociedade ocidental (a brasileira, assim como outras), minada de tabus e preconceitos. Não seria difícil aos mentores e realizadores do novo movimento, que nos conhecem melhor do que nós mesmos, visualizarem uma série de empecilhos na sociedade onde a Umbanda seria implantada.

E, se assim vislumbraram, assim viram acontecer! Ainda hoje, em pleno século XXI, com todo o aparato tecnológico e facilidade de acesso à informação e conhecimento, muitos insistem em julgamentos, maledicências e propagação de falácias destrutivas. Por outro lado, toda esta tecnologia informativa tem servido à Umbanda para se estabelecer na sociedade em que vivemos.

Se houve toda uma preparação no astral para a concretização da Umbanda e para que, a partir de lá, uma firme e concreta sustentação fosse dada à sua manifestação aqui no mundo material, houve também uma preparação dos espíritos que encarnariam, para que, aqui no lado material, fortalecidos, resistissem e concretizassem o novo movimento. Movimento este que promoveria uma ligação simultânea do meio humano material com o meio humano espiritual, com o meio natural e com o lado divino da Criação.

Porém, se alguns desses que encarnaram com esta incumbência foram bem-sucedidos em suas tarefas, outros sucumbiram à vaidade e às tentações da matéria, quedando vibratória e consciencialmente, respondendo alguns deles, ainda hoje, à Lei Maior, nas faixas vibratórias negativas da Criação.

Precisamos entender que lidar com a Fé e a Evolução das pessoas é uma responsabilidade muito grande, e qualquer desvio nesta tarefa é tido pela Lei Divina como uma falha enorme de percurso, necessitando de uma correção condizente com o tamanho do prejuízo causado.

Lidar com os sentidos da vida é lidar com a existência dos seres. Negativá-los é negativar o Todo. Isto atravanca o andamento do processo. O que prejudica diretamente um, de modo sutil e nem tão indireto assim, prejudica todos.

A Umbanda no Brasil do século XX

Já compreendemos que, em 1908, a Umbanda manifestava-se no Brasil para uma sociedade repleta de mazelas espirituais, na qual os seres encarnados cumpriam, em grande parte, aqui neste país, funções designadas pela Lei Maior a fim de corrigir falhas cometidas por eles mesmos no Espaço e no Tempo. E assim aconteceu, também, no recrutamento de espíritos que viriam trabalhar nesta escola evolutiva, tanto no seu lado material quanto no espiritual.

Os hierarcas já citados por nós neste capítulo trabalharam duro e incansavelmente, trazendo para suas linhas de trabalho espíritos ligados às hierarquias divinas (Orixás) correspondentes aos mistérios que manifestavam e também de espíritos que encarnariam sob suas tutelas, com a incumbência de levar a Umbanda à frente.

Todos, de alguma forma (guias e médiuns), aqui chegavam preparados (mesmo que inconscientemente, no caso dos encarnados) para uma longa e forte batalha. Sabedores disso, podemos, finalmente, iniciar uma correspondência de tudo isto aqui citado com fatos históricos ocorridos no Brasil, durante este período.

Na obra *História da Umbanda* (**Alexandre Cumino, Madras Editora**), o autor classifica, baseado em suas pesquisas e estudos, quatro momentos desde a aparição da Umbanda no Brasil, que define como ondas. A saber:

- **Primeira Onda Umbandista (1908 a 1928): Nascimento;**
- **Segunda Onda Umbandista (1929 a 1944): A Legitimação;**
- **Terceira Onda Umbandista (1945 a 1979): Expansão;**
- **Quarta Onda Umbandista (1990 aos dias atuais): A Maturidade.**

Desde seu nascimento até os dias atuais, podemos perceber altos e baixos no que se refere à sua instalação no mundo material, instalação esta que ainda ocorre. A Umbanda é uma religião nascente e que ainda tem muito do seu potencial a ser descoberto e desenvolvido pelos umbandistas.

Dá seus primeiros passos neste mundo e mostra-se como um caminho para os encarnados despertarem suas consciências e regularem seus passos nesta estrada que nos leva de volta, já conscientes, a Deus. Mas, para isto, será necessário que todos aqueles que contribuem na construção desta escola evolutiva trabalhem permitindo que ela se mostre verdadeiramente à sociedade.

E se mostrará, de fato, quando os umbandistas estiverem realmente dispostos a mergulhar de cabeça no conhecimento, iniciando este processo pelo autoconhecimento, o que exige que o ser dê um mergulho profundo para dentro de si mesmo. Diga-se de passagem, nada fácil, mas, como já citei em outro momento, nunca impossível!

Durante o século XX, a Umbanda sofreu as mais variadas discriminações. Ainda hoje, muitos a consideram fetichismo, feitiçaria, seita. Não conseguem enxergá-la como uma religião, portanto, entendê-la como uma escola evolutiva e uma filosofia de vida é algo que passa bem longe da compreensão dessas pessoas.

Esta visão, ao longo da história umbandista, sempre a acompanhou. E, muitas vezes, é sustentada por médiuns e adeptos equivocados que a colocam como um balcão de negócios. Quando isto acontece, tenhamos certeza, a Umbanda abandona esses templos e trabalhadores. Só que isto acontece sem que os próprios e aqueles que os procuram percebam. E a imagem da religião fica manchada.

Cabe a nós, umbandistas, zelarmos por nossa escola evolutiva. Somos guardiões deste mistério divino colocado a nós para a nossa evolução e, sobre ele, temos responsabilidades.

Recomendo a leitura e estudo do livro *História da Umbanda* (Alexandre Cumino, Madras Editora) por todo aquele que se interessa e quer conhecer melhor os caminhos e meandros desta jovem religião. Compreenderão, por meio desta leitura e estudo, muito das análises aqui colocadas a partir das informações que a nós chegaram pelos Mestres da Evolução e guias de Umbanda.

Precisamos entender que no seu período inicial, que compreende as primeiras duas ou três décadas do século XX, encontros programados pelos Senhores dirigentes da Umbanda no astral começaram a acontecer aqui no Brasil. A egrégora amparadora do senhor Zélio Fernandino de Moraes, sob orientação e comando do senhor Caboclo das Sete Encruzilhadas, recebia dos dirigentes umbandistas no astral as diretrizes de ação.

O que no astral fora planejado deveria se concretizar aqui fidedignamente à forma, tempo e condições determinados. Por isso, o trabalho das egrégoras aqui colocadas seria (e foi) duro e incansável.

Conhecedores das mazelas e das fraquezas dos encarnados, coube a esses guias espirituais da direita e da esquerda manter o equilíbrio nessas pessoas, ordenar seus mentais e direcioná-las para suas tarefas predeterminadas, não permitindo que titubeassem ou questionassem.

Alguém pode colocar que não permitir ao ser o questionamento é uma atitude déspota. Sim, em alguns casos realmente o é! Por outro lado, sabedores das condições em que tudo aqui se colocava, ou assim agiam, ou, em boa parte dos casos, os encarnados se perderiam, o que prejudicaria a instalação da Umbanda no plano material.

Então, esses primeiros 20 ou 30 anos foram um período bem definido por Alexandre Cumino como o nascimento. E assim ocorreu. Sob irradiação da Orixá da Geração, Mãe Iemanjá, e olhos atentos do Senhor da Lei, Pai Ogum, tudo aconteceu, no que concerne à estabilização da Umbanda, conforme o planejado.

Entre as décadas de 1930 e 1940, tivemos a instalação do Estado Novo e da ditadura Vargas em nosso país. Se, por aqui, um movimento de instabilidade cerceava a Umbanda, quando seus rituais eram questionados e sempre ameaçados pela ordem estabelecida; no astral, os mentores e trabalhadores procuravam direcionar seus médiuns (especialmente os dirigentes dos terreiros) para trabalhos voltados sempre para a caridade, no auxílio e pronto-socorro espiritual por intermédio da magia (característica mais marcante da Umbanda).

E orientavam seus médiuns a manifestarem a Fé a partir da figura do Senhor Jesus Cristo, afinal a sociedade cristã brasileira passaria a ver aquela religião (ainda uma incógnita para muitos) com um olhar mais tranquilo. E assim ocorreu. É certo que alguns excessos aconteceram, mas isso já era previsto pelos mentores da Umbanda no astral. Como já disse, conhecedores das mazelas dos encarnados, previram em seus planejamentos uma margem de erros e prejuízos.

Em 1941, quando ocorreu o Primeiro Congresso de Umbanda, no Rio de Janeiro, divergências filosóficas afloraram. Muitos dirigentes imbuídos do objetivo de conquistar espaço e aceitação social para a religião buscavam origens milenares para a Umbanda, o que fez com que diferenças aflorassem e confirmassem a pluralidade e diversidade umbandista, predominante até os dias de hoje.

Na verdade, não se pensou em uma teologia fundamentada nos Poderes Divinos manifestadores das qualidades de Deus, e a maior preocupação foi a unificação ritualística. Ora, como poderíamos ter esta unificação se não tínhamos uma base teórica, teológica e filosófica única? Como poderíamos pleitear uma unificação do rito, se a maior preocupação, naquele momento, era pegar a Umbanda para si e devolvê-la da sua forma para que fosse praticada pelos outros?

Não podemos dissociar esses movimentos do que vivia a sociedade mundial naquela época. O plano materal vivia em meio à Segunda Guerra Mundial e, queiramos ou não, a energia que imperava nos quatro cantos do planeta era de discórdia, desunião e guerra. Isto não isentou a Umbanda, seus praticantes e dirigentes, naquele momento, de tal vibração energética.

Atentos e observadores, os mestres dirigentes da Umbanda no astral alertavam os espíritos formadores das egrégoras que a sustentavam no plano material, para que não permitissem a instalação do caos total na religião, o que acarretaria o seu fim prematuro. E assim trabalharam esses incansáveis espíritos, encontrando na separação de ritos e pensamentos a melhor forma para manter viva nossa escola evolutiva.

Dentre suas inúmeras análises, o Mestre Rubens Saraceni (o maior pensador da história umbandista) nos coloca que, no momento em que deveria se pensar em cristalização da consciência umbandista, a maior preocupação foi a de expandir com abertura de templos.

Alguns podem achar que essa pluralidade foi pensada desde o início pelos dirigentes da Umbanda no astral. Porém, isso aconteceu como um reflexo do que se dava por aqui. Eis neste ponto uma das demonstrações de que o trabalho vindo de lá reflete aqui, dependendo dos movimentos sociais que aqui ocorrem. E o que aqui é realizado reflete diretamente na tomada de decisões e nas diretrizes vindas do astral. Nós, os encarnados, somos responsáveis por estes movimentos. Então, cabe aos umbandistas a responsabilidade, do lado de cá, na construção das melhores condições para a manifestação na matéria da nossa escola evolutiva. A verdade é que, dependendo das nossas ações, ou os Mestres dirigentes da Umbanda no astral têm campo de atuação por aqui ou ficam de mãos atadas.

Devemos também considerar que muitos dos encarnados que se manifestaram contra a Umbanda nesse período (até a metade do século XX) viam nela, inconscientemente, o retorno da Lei Maior a ações por eles promovidas em outros tempos, em outros corpos na matéria. A Umbanda representou uma ameaça a muitos que, da magia, usaram de forma nociva e, reencarnados, abominavam qualquer tipo de manifestação magística.

Porém, se assim ela atuou na consciência de muitos dos seus desafetos, também atuou colocando em seus quadros muitos que também se equivocaram neste sentido em outros corpos, mas encontraram nela a ponte para retornar ao equilíbrio consciencial e espiritual.

Em verdade, muitos dos que se encontravam sob a correção da Lei nas faixas vibratórias negativas mantiveram-se manifestando revoltas das mais diversas. E pela Lei foram colocados na reencarnação (muitos deles aqui no Brasil), ainda trazendo em seus íntimos revoltas para com a Criação e para com Deus, mesmo que aqui se apresentassem religiosos, cristãos.

Outros, reconhecendo terem trilhado por plagas tortuosas, acessaram a humildade e buscaram reparar seus erros exatamente por intermédio do que usaram para prejudicar os semelhantes e a Criação: a magia. Mas não poderiam praticar magia sem orientação e tutela de magos graduados e credenciados (os guias espirituais) e, também, só poderiam fazê-lo por intermédio da Fé.

Então, sob a irradiação de Pai Oxalá e olhos atentos de Pai Ogum, receberam a oportunidade de trabalhar magisticamente reparando seus equívocos. Alguns foram bem-sucedidos, outros sucumbiram.

Nas quatro ondas definidas pelo autor Alexandre Cumino, podemos perceber, a partir da década de 1960, especialmente, um crescimento vertiginoso da Umbanda no Brasil. E este se dá com o início de uma aceitação da religião pela classe média.

Políticos, artistas e formadores de opinião passam a frequentar os centros de Umbanda buscando conquistar seus objetivos pessoais. Mais uma vez, os dirigentes no astral alertam as egrégoras para este movimento que poderia distorcer e desviar o caminho predeterminado.

Desde o nascimento, passando pela perseguição, legitimação, a Umbanda acompanhou os movimentos sociais adaptando-se, sempre, às necessidades de cada momento. Mas nem sempre essas adaptações promovidas pelos umbandistas encarnados eram condizentes com o planejamento prévio no astral.

Chegamos ao período da ditadura militar e a Umbanda, já talhada com o que vivera na ditadura Vargas, dessa vez, molda-se a ponto de ser absorvida pela classe média, sem perder suas características populares. Para os governos populistas constituídos à época, que buscavam afirmar uma identidade nacionalista, a Umbanda poderia representar uma boa ponte de acesso ao povo na caça de votos para manutenção no poder.

Porém, por outro lado, os mesmos governos populistas não podiam assumir esta postura publicamente, pois perderiam a credibilidade nos meios sociais que abominavam a Umbanda, especialmente a Igreja Católica. Então, o que se viu foram movimentos isolados de apoio político à religião. Muitos políticos frequentavam os terreiros, mas não assumiam publicamente, dizendo-se católicos.

Este é o período definido por Alexandre Cumino como o de expansão da Umbanda. E é nesse momento que a preocupação toma os dirigentes no astral. Artistas encontram-se na Umbanda ou com ela. Mas estariam encontrando nela, de fato, uma filosofia de vida? Pois era exatamente esse movimento que preocupava nossos dirigentes espirituais.

A Umbanda havia sido criada para levar o ser, por intermédio da humildade, ao autoconhecimento e, consequentemente, ao conhecimento do Todo. E esta expansão levava, a passos largos, a um caminho sem retorno, por intermédio da vaidade. Em pouco tempo, teríamos a Umbanda manifestando-se nos meios de comunicação, apresentando soluções milagrosas para a vida das pessoas.

Alguns tentaram fazer isso dentro da religião, mas não bem-sucedidos acabaram expurgados pela ética umbandista que se manifesta de forma intrínseca em todos aqueles que carregam esta filosofia evolutiva em seus íntimos. E, já fora dos quadros umbandistas, passaram a combatê-la.

Alexandre Cumino coloca, após a expansão, um período de esvaziamento a partir de 1980. Faz-se necessário saber que esse esvaziamento foi a solução encontrada pelos dirigentes e mestres no astral para paralisar a expansão desenfreada que levaria a Umbanda à bancarrota.

Fecharam a casa para uma faxina, a fim de que retornasse, aos poucos, límpida e pura. Tiveram nessa solução o melhor remédio para que nossa escola evolutiva não sucumbisse. Em seguida a esse período, surge o Mestre e pensador Rubens Saraceni, trazendo do Alto o maior presente para nossa filosofia de vida: sua própria fundamentação teológica.

E ela se dá a partir da década de 1990. Devemos perceber que na década de 1980 temos o fim do regime militar e a redemocratização política do país, com o retorno de eleições diretas. O Brasil está se reformulando, a Umbanda também.

Já na década de 1990, logo após a primeira eleição para presidente pós-regime militar, o Brasil começa a buscar sua identidade e querer se reconhecer como nação. Vem o *impeachment* do presidente eleito. E a Umbanda, nessa década, começa a se reconhecer, aos poucos, tendo em si sua própria identidade, por intermédio da teologia trazida por Rubens Saraceni.

Começa a ter identidade própria e afirmar-se como religião com fundamentos sólidos. E, a partir de então, um movimento de crescimento, comandado por esse sacerdote, em São Paulo, traz ao umbandista novamente o orgulho pela filosofia de vida que manifesta e segue, mas, agora, de modo mais consciente do que outrora.

Este período pós-Rubens Saraceni é definido por Alexandre Cumino como a Onda da Maturidade. Concordamos e complementamos dizendo que este período ainda vigora, até este momento, em 2017. E este amadurecimento ainda precisa do nosso trabalho para que se cristalize de forma sadia, como querem os dirigentes desta escola evolutiva no astral.

Pudemos perceber nos comentários deste capítulo que a Umbanda se mostra a nós, neste momento, sem "nuvens" ou qualquer outro empecilho que atrapalhe nossa visão. Devemos trabalhar por sua construção como uma filosofia independente de outras.

Cada filosofia que aqui se apresenta por intermédio da Fé, ou como uma religião, deve ter seus fundamentos atendendo aos seus grupos afins de adeptos. Isto quer dizer que os umbandistas não necessitam dos fundamentos de outros grupos, e sim dos fundamentos da Umbanda, pois são estes que atendem às suas expectativas.

Portanto, reconhecer hoje que há uma teologia e uma filosofia umbandistas é reconhecer que os dirigentes do astral enviaram para cá um presente divino para nós, por intermédio de um sacerdote umbandista.

Se a concretização da Umbanda aqui no Brasil, no século passado, teve altos e baixos, também teve, em si, o pulso forte da Lei Maior, o equilíbrio da Justiça Divina e a sabedoria dos mestres dirigentes, fundamentais para a continuidade do processo.

Então, neste século, vamos construir um novo caminho para esta escola evolutiva, expandindo-a, agora, de forma sadia, e mantendo sempre a simplicidade, sua marca maior.

A inserção da Umbanda na sociedade ocidental, no século XX, é sua instauração no Brasil, de onde partirá para outros pontos do planeta.

Continuaremos, no próximo capítulo, a analisar a Umbanda dentro do contexto social brasileiro.

Umbanda Brasileira, Universal e Universalista

A Umbanda é brasileira! Esta é uma afirmação e uma afirmativa e já não se comportam mais, neste quesito, contestações. Tudo porque já é comprovada e aceita no meio umbandista a sua brasilidade. Sintetiza em seu corpo (da forma que se apresenta) a cultura deste país, manifestada a partir da fé e religiosidade do povo brasileiro.

Os arquétipos de Orixás e guias espirituais comprovam isto, desde quando ou se tornaram populares por identificação de parte das pessoas ou se moldaram à cultura brasileira (regional ou nacional), aproximando-se do povo a partir de uma rápida e confortável identificação. O que se torna natural (buscar a identificação), quando um movimento evolutivo espiritual pretende levar um determinado grupo social de encarnados, por intermédio da Fé, a galgar degraus em sua caminhada.

Porém, precisamos analisar por todos os ângulos este movimento evolucionista. Assim, perceberemos que esta escola, esta religião, optou por um caminho aparentemente simples, porém, em sua essência, complexo.

E isto podemos perceber quando analisamos e avaliamos todos os detalhes das manifestações umbandistas. Mas onde se encontram esta simplicidade e a complexidade?

A simplicidade da Umbanda

A simplicidade da Umbanda mostra-se no seu todo, desde a sua forma ritualística, elementos, magia, chegando à manifestação dos guias espirituais e Orixás. E é neste todo que está a chave para a aproximação das pessoas e rápida popularização desta religião no Brasil.

Alguns de nós, umbandistas, podemos nos lembrar de eventos simples em nossas vidas, quando adentramos em templos modestos, situados em bairros pobres de grandes, médias e pequenas cidades brasileiras, onde encontramos a Fé e o Amor conduzindo os trabalhos. E um poder de realização na vida das pessoas que sempre dispensou e sempre dispensará pantominas que nos encham os olhos.

Também podemos nos lembrar de pequenos barracos onde senhores e senhoras de origem humilde, com poucos recursos e conhecimento escasso, atendiam (à frente de um modesto congá montado dentro de suas condições ou por meio de doações) quem a eles chegasse, com seus guias espirituais, ajudando a minimizar mazelas nas vidas das pessoas, com suas entidades direcionando, aconselhando, desmagiando, curando até, aqueles que por ali apareciam.

Este aspecto da simplicidade umbandista é o que mais claramente se mostra aos nossos olhos. Mas, se formos atentos observadores, perceberemos que simplicidade é sinônimo de Umbanda, e quando este adjetivo começa a desaparecer, começa também a desaparecer a espontaneidade e natureza umbandistas dos trabalhos. E é neste momento que um templo, um trabalho começam a sucumbir.

Observe nos mínimos detalhes de um ritual umbandista e perceberá a simplicidade do início ao fim. Desde a abertura dos trabalhos, passando pela defumação, orações, pontos cantados, passes, magias, pontos riscados. Tudo é muito simples, porém eficaz e por demais realizador! Sendo assim, aquele que frequenta, observa, estuda a Umbanda e sabe que ela se baseia e manifesta as leis divinas, concluirá que do Poder Maior advém a simplicidade. Portanto, simplicidade é inteligência e, parafraseando Pai Thomé do Congo, "Humildade é Sabedoria".

É em sua forma que a simplicidade se manifesta e se mostra como essencial dentro do trabalho umbandista. Aquele que optar por luzes, holofotes e pantominas, podemos observar, mais cedo ou mais tarde, tropeçará na própria vaidade. Mas também devemos observar que tudo na Umbanda deve ser bem cuidado e caprichado. Porque simplicidade é antônimo de desleixo, relaxamento e desorganização.

Na simplicidade umbandista, a sua mensagem chegará da mesma forma a todos e, por todos, desde o mais humilde ao mais abastado, será compreendida. A Umbanda foi feita para todos e nunca será exclusiva ou exclusora. Em sua manifestação, o Senhor Caboclo das Sete Encruzilhadas deixou registrado que a ninguém daríamos as costas e que, com aqueles que sabem mais, aprenderíamos e, àqueles que sabem menos, ensinaríamos.

O que fazem os mestres e guias espirituais, auxiliando-nos e orientando? A nós estendem a mão, para que caminhemos e alcancemos novos níveis conscienciais. Assim devemos agir também com todos aqueles que adentram os templos buscando cura, equilíbrio, alento e conforto. Estenderemos a mão com amor similar ao que os guias e mentores espirituais estenderam a nós.

Até aqui nenhuma novidade no que se refere à simplicidade umbandista e à forma como ela se manifesta e chega até nós. Mas é exatamente refletindo acerca desta característica que proponho que pensemos e repensemos onde se encontra, neste momento, esta simplicidade.

Vivemos um momento de clara e franca expansão da Umbanda, em que o conhecimento se torna a chave para ser possível entender, compreender, praticar e absorvê-la na vida, no íntimo. Essencial, neste momento, é estudar e compreender sua teologia, sua forma de enxergar Deus, Orixás e todas as manifestações vindas do Alto.

Mas este conhecimento deve agregar valor à Umbanda e não excluir suas características e qualidades preexistentes. Escrevo desta forma, para que possamos, juntos, pensar no rumo que estamos dando a esta escola evolutiva que nos ampara, realinha, direciona e religa na jornada.

Quando eu, um ser que me sinto e me proclamo umbandista, passo a carregar em meu íntimo verdades absolutas e poucas reflexões, estou trilhando por um caminho perigoso... o caminho da vaidade sustentado pelo ego inflado. E, se falamos em simplicidade, caminhar na busca incansável pela humildade é dar passos largos no real aperfeiçoamento.

Há, neste momento, em 2017, uma teologia própria da Umbanda e um vasto campo de conhecimento a ser explorado, porém ainda há resistências a este saber teológico, o que pode ser visto como natural, se considerarmos que ele é recente dentro da recente história deste jovem movimento evolutivo-filosófico-religioso.

Portanto, batermos o martelo da verdade, excluindo o debate saudável dentro do meio umbandista, é impor o que sabemos e queremos, sem escutar aqueles que divergem. Podemos convencer pela argumentação, mas nunca impor o que sabemos pela arrogância, porque, assim fazendo, colocaremos todo um trabalho iniciado aqui no plano material pelo Sacerdote Rubens Saraceni por água abaixo.

A Umbanda é em si a simplicidade e nos ensina que pela via da humildade muitos corações arrebataremos. E aqueles que conosco não prosseguirem seguirão seus caminhos segundo suas vontades, dentro da lei do livre-arbítrio. Então, estejamos claros e límpidos em nossas consciências e tenhamos ao nosso redor aqueles que conosco se identificaram, e nunca e em hipótese alguma aqueles que vilipendiamos. Assim sendo, sem que nos apercebamos, estaremos saindo do seio de Fé e Amor da Umbanda, esta escola evolutiva que, pela via do conhecimento, nos equilibra, ordena e gera vida nova em nossas próprias vidas.

Uma sociedade realmente igualitária deve conviver com a pluralidade e as diferenças. Classificar e apontar supostos erros alheios é agir com "determinismo" e "preconceito", quando determinamos o que é certo ou errado e preconcebemos e conceituamos o ideal para tudo e todos. Ora, se Olorum nos "soltou" na Criação para que experienciássemos e experimentássemos, então, toda e qualquer experiência (positiva ou negativa) traz em si aprendizado.

Se Deus sempre nos proporciona novas oportunidades, por que nós deveremos julgar alguém?

Nossa maquete de sociedade ideal deve ser a Umbanda, nossa escola evolutiva. E será a partir dela que contribuiremos (se assim quisermos) para um mundo mais justo e aberto para ensinamentos, aprendizados e experiências que levem os seres que por aqui passarem ao crescimento e ao autoconhecimento.

Na construção de uma nova e sadia sociedade, nossa maquete deve mostrar que, pela simplicidade, alcançaremos resultados estrondosos e surpreendentes. E, para isso, deveremos praticá-la em nosso meio umbandista, reproduzindo estas práticas na vida cotidiana.

A complexidade da Umbanda

Alguns podem apavorar-se com o termo "complexidade", enxergando nele dificuldade ou dificuldades. Mas troquemos e afixemos seu significado apenas como "profundidade". Pois, não fosse profunda a nossa Umbanda, rasa seria e de escassos fundamentos. E talvez nem mais existisse entre os humanos encarnados.

A sua complexidade, que é sua profundidade teológica e de fundamentos, sempre se apresentou nas manifestações dentro dos terreiros, neste pouco mais de um século da sua existência aqui no Brasil. E, se hoje temos uma base teológica umbandista, podemos compreender melhor esta complexidade que, outrora, causava dúvidas e questionamentos em muitos. O conhecimento realmente liberta, pois, agora, os umbandistas se sentem confortáveis em falar e discutir sua religião, com quem quer que seja.

Compreender a Umbanda (parafraseando o Mestre Rubens Saraceni) como a religião dos mistérios é entender que o que vem de Deus está muito além da nossa parca compreensão. E que além, muito além de nós, nos ampara, sustenta, ensina, equilibra, ordena e realiza. Compreender tudo o que é divino como mistério realizador e manifestador é entender que a Umbanda é uma via evolutiva que facilita a nós, seus seguidores, o acesso a estes mistérios.

Sua teologia nos mostra que Deus se multiplica por intermédio dos seus sete mistérios principais, suas sete qualidades divinas, seus sete princípios, seu setenário sagrado, que se tornam, em nossa escola evolutiva, suas sete linhas mestras e direcionadoras... As Sete Linhas de Umbanda.

A Linha da Fé Congregadora, a Linha do Amor Conceptivo, a Linha do Conhecimento Expansor, a Linha da Justiça Equilibradora, a Linha da Lei Ordenadora, a Linha da Evolução Transmutadora, a Linha da Geração Criativa. A Fé de Essência Cristalina, o Amor de Essência Mineral, o Conhecimento de Essência Vegetal, a Justiça de Essência Ígnea (Fogo), a Lei de Essência Eólica (Ar), a Evolução de Essência Telúrica (Terra) e a Geração de Essência Aquática.

Na ilustração a seguir visualizamos Olorum na Origem de Tudo e Todos, manifestando-se a partir dos seus sete princípios básicos e suas correspondências com as essências que animam os sete sentidos da vida e os pares de Sagrados Orixás que formam as Sete Linhas de Umbanda.

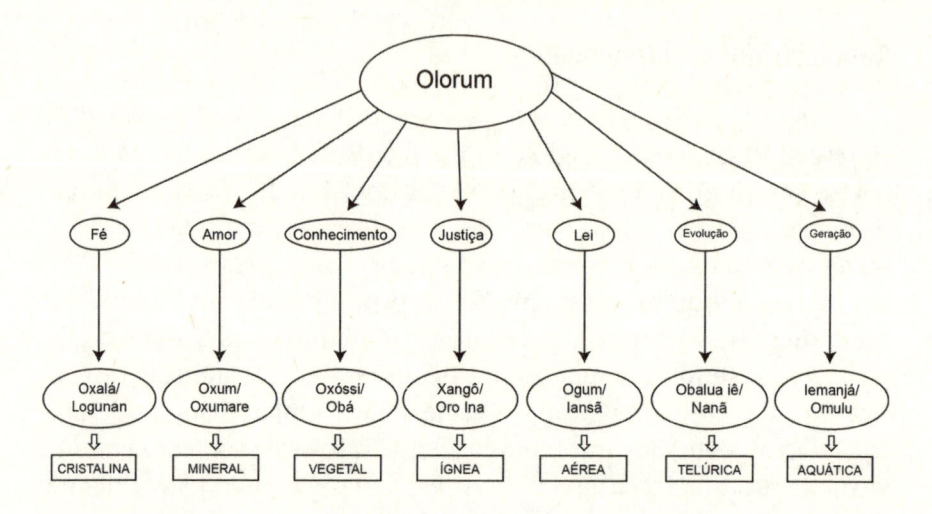

```
                              Olorum
        ┌─────┬─────┬──────┬──────┬──────┬──────┬──────┐
        Fé   Amor Conhecimento Justiça Lei  Evolução Geração
        ↓     ↓     ↓      ↓      ↓      ↓      ↓
      Oxalá/ Oxum/ Oxóssi/ Xangô/ Ogum/ Obaluaiê/ Iemanjá/
      Logunan Oxumare Obá  Oro Ina Iansã Nanã    Omulu
        ⇩     ⇩     ⇩      ⇩      ⇩      ⇩      ⇩
     CRISTALINA MINERAL VEGETAL ÍGNEA AÉREA TELÚRICA AQUÁTICA
```

Este conhecimento teológico, trazido a nós por mestres da Luz manifestadores de mistérios divinos no ritual umbandista, por intermédio do autor Rubens Saraceni, está disponível em várias das obras publicadas pela Madras Editora. E devem ser estudadas por todo aquele que quiser compreender, de fato e definitivamente, a base teológica da nossa escola evolutiva.

A complexidade da Umbanda é tão simples quanto tudo o que nela se manifesta. Mas para que se torne, efetivamente, simples aos nossos olhos, faz-se necessário que estudemos esta teologia, compreendamos e consigamos visualizar na vida prática e real a aplicação destes mistérios, como quer a Umbanda: ser prática, real e realizadora na vida dos seres e do planeta como um todo.

Talvez, no início, para alguns, este estudo se torne um tanto incompreensível. Mas sugiro que consultem seus guias espirituais (no caso dos médiuns) e aqueles com os quais costumam se consultar (no caso dos adeptos). E consultem também o seu bom senso, afinal, todos nós, umbandistas, sabemos e compreendemos que há muito mais do que podemos visualizar em nosso mundo terreno, formando e sustentando a Criação de Olorum.

Deus exteriorizou muitas formas de vida e, mesmo que não compreendamos ainda na plenitude tudo o que Ele/Ela manifestou, devemos saber que, na Umbanda, a Vida por Deus emanada se faz presente de várias formas. Não somente na manifestação de espíritos humanos, de Divindades ou Seres Divinos (Orixás), mas também de seres naturais e elementais, assim como no uso indispensável e fundamental dos elementos da natureza nos trabalhos, bem como dos campos de forças naturais para realização de oferendas que mudam e invertem situações caóticas, mas que também tranquilizam, amenizam, curam.

Para melhor compreensão desta base teológica de nossa escola evolutiva, recomendo a leitura da obra *Tratado Geral de Umbanda/* Rubens Saraceni, Madras Editora.

Eis um pouco da complexidade umbandista, simples como a própria Umbanda!

Umbanda brasileira

No início deste capítulo, definimos a Umbanda como uma escola evolutiva brasileira. E, se por alguns, ainda é definida como uma religião afro-brasileira, isto se dá por conta da influência africana na sua formação, com presença marcante. Os Orixás africanos, além dos arquétipos dos senhores Pretos-Velhos e Pretas-Velhas, corroboram para esta visão.

Mas não podemos, em hipótese alguma, diminuir a importância, a influência e a contribuição da cultura nativa brasileira (os nossos indígenas) e, também, da cultura europeia, especialmente cristã portuguesa, mas também da magia vinda desse continente. O Espiritismo Kardecista também trouxe grande contribuição para a formação da Umbanda. Tudo isso já é público, notório e conhecido por qualquer umbandista e, até mesmo, por praticantes de outras doutrinas religiosas ou de nenhuma delas.

Isto sem contar a contribuição de culturas orientais e da cultura cigana, que foram absorvidas ao longo deste primeiro século de vida umbandista. Pois qualquer uma dessas influências, sem dúvida alguma, corrobora e afirma cada vez mais a Umbanda como um movimento social-evolutivo-filosófico-religioso brasileiro. Afinal, este é o país das misturas, onde todas as raças, credos, filosofias e culturas são abrigados em seu seio.

A Umbanda é o próprio Brasil; é a cara, o retrato deste país continental e de diversidade cultural marcante e pulsante. Por isso, afirmá-la afro-brasileira, euro-brasileira, oriental-brasileira ou simplesmente tupiniquim é limitá-la por demais, muito aquém do seu potencial já apresentado a nós. Defini-la como brasileira é carregar em seu bojo todas essas influências, afirmando sua própria identidade.

As influências são o que são, influências, e nada mais. Cada vez mais, devemos afirmar nossas práticas como umbandistas. As influências são importantes para o nascimento e o crescimento de um movimento, mas, em dado momento, deve aflorar sua própria identidade, para que não sucumba.

Pensemos: se houvesse dois movimentos religiosos idênticos, um deles, com certeza, rapidamente deixaria de existir. Se ambos existem, por mais semelhanças que possam ter ou carregar influências do outro, é porque cada um responde às necessidades de um determinado grupo de espíritos humanos (encarnados e desencarnados) que dele necessitam para suas caminhadas evolutivas.

A Umbanda responde e corresponde às necessidades dos seres com ela afinizados, sejam adeptos, trabalhadores ou dirigentes. Todo aquele que se define como umbandista espera desta escola evolutiva que ela possa contribuir, de fato e verdadeiramente, para o seu aperfeiçoamento na atual caminhada enquanto encarnado e, quiçá, após o desencarne.

Sim, não pense você que a Umbanda acaba e se limita por aqui! Toda limitação, quando ocorre, é dada e imposta por nós, os encarnados. Nossa escola evolutiva está de braços abertos para nós em muitas realidades da vida humana no planeta Terra. É importante que nos conscientizemos disso e nos preparemos positivamente para a continuidade da Umbanda em nossas vidas, mesmo quando mudarmos de realidade.

Analisar nossa escola filosófica-religiosa-evolutiva dentro do contexto social brasileiro se torna simples, quando percebemos, por intermédio de alguns arquétipos, que algumas linhas de trabalho espiritual se manifestam por meio de roupagens presentes na cultura brasileira e de fácil assimilação por todos. Nas linhas de Caboclos, temos vários mistérios manifestando-se por nomes simbólicos e arquétipos ligados a grupos indígenas que por aqui fizeram história e marcaram território.

Alguns destes, inclusive, como o tronco Tupinambá, já habitavam esta terra muito tempo antes de os portugueses aqui chegarem. Tantas outras linhas de Caboclos e Caboclas manifestam-se sob nomes tradicionais na cultura nativa brasileira. Isto quer dizer que todos os índios daquelas tribos, hoje, labutam na Umbanda? Não necessariamente!

Dizem-nos os mestres que os hierarcas (chefes dessas linhas espirituais), em uma ou algumas de suas encarnações, viveram como indígenas no Brasil. E muitos dos manifestadores desses mistérios (os que incorporam nos médiuns) também. Mas há os que são absorvidos por estas linhas de trabalho espiritual por outros motivos, que não nos foram abertos.

As manifestações dos senhores Pretos-Velhos e Pretas-Velhas, Baianos, Marinheiros, Boiadeiros, Crianças apresentam em si traços culturais que afirmam cada vez mais a brasilidade da Umbanda. E, se afirmamos que o Brasil é o ponto de partida dela para o mundo, também afirmamos que suas raízes com ela irão, para os quatro cantos do planeta, afixando-se em cada lugar e, concomitantemente, absorvendo traços culturais daquele local e promovendo uma mixagem tipicamente umbandista e brasileira.

Para que encerremos este tópico compreendendo, de uma vez por todas, a Umbanda como brasileira, recorreremos, como exemplo, ao arquétipo do Senhor Zé Pelintra. Mestre do Catimbó, Malandro da Lapa, Baiano... em qualquer manifestação deste maravilhoso mistério, sua brasilidade aflora trazendo luz aos caminhos de quem com ele cruza, ensinamentos de um mestre tipicamente brasileiro e comprometido com o arrebatamento daqueles que aqui se encontram e se comprometem a se voltarem, novamente, para o Alto.

A Umbanda é, também, um movimento social brasileiro que, se bem conduzida pelos umbandistas, pode mostrar a toda nossa sociedade como trilhar a vida em paz, de modo harmônico, com Deus, os Sagrados Orixás e nossos mestres amados, nossos guias espirituais, no coração.

Umbanda simples e complexa, brasileira, universal e universalista...

Umbanda Universal e Universalista

Visualizemos a Umbanda como uma grande mãe que, de braços abertos, recebe a todos em seu lar e, de modo indiscriminado, a todos dedica o mesmo amor, atenção e carinho. Assim é nossa escola evolutiva, que não olha para raça, credo, condição social. Mãe de olhar simples e amoroso que, no mesmo instante em que adota, ama e cuida, para que seus filhos passem a trilhar bem suas caminhadas.

Para a Mãe Umbanda não importa seu nome, sua idade, sua conta bancária, seu *status* social, suas opiniões e ideologias, apenas seu coração pulsante por amor a Deus e Sua Criação. E, se ela perceber que aquele filho, recém-adotado ou há mais tempo, esteja começando a trilhar um caminho contrário, tenha certeza, de tudo ela fará para que se volte para o rumo correto.

E, quando a escolha pelo rumo menos acertado for inevitável, ela soltará os braços e o deixará partir, aguardando que volte um dia, tendo absorvido a lição marcante que somente as experiências negativas nos dão. Mas receberá esse filho de braços abertos, com sorriso largo no rosto, sem julgá-lo, e irá, então, apenas amá-lo.

Se assim é nossa Mãe Umbanda, percebemos que não temos o direito de julgar qualquer ser que adentre um terreiro, pois, se até lá ele chegou, foi porque esta nossa Mãe a ele abriu os braços. E, se ela assim o fez, nós, seus filhos, também deveremos fazê-lo. Ou cairemos na armadilha do julgamento, que nos prende e aniquila em pouco tempo.

A Umbanda é Universal porque abraça a tudo e a todos que com Amor quiserem servir a Criação Divina. E é Universalista porque, sem perder sua identidade e base teológica, abarca em seu corpo tantas filosofias e pensamentos quantos forem necessários para o desenvolvimento humano. Sim, a Umbanda Universal e Universalista é um movimento social em prol do desenvolvimento humano!

Só precisamos compreender que o desenvolvimento humano se dá muito além da vida material. Muitas vezes, equivocadamente, vemos tudo começando e acabando por aqui. Infelizmente, cientistas e pensadores contribuíram para a disseminação deste modo de pensar.

O desenvolvimento humano se dá a partir da nossa própria essência, que é a nossa consciência. Somos consciências na Origem, hoje experienciando e experimentando uma jornada espiritual humana, ora no mundo material, ora no mundo espiritual, tanto em suas faixas positivas quanto em suas faixas negativas.

Toda a experiência que adquirimos é registrada em nossa memória divina, aquela que carregamos desde o instante da nossa origem em Olorum. Portanto, sabedores de que vivemos desde um instante imemorável para nós, podemos entender que absorvemos, ao longo deste tempo, experiências das mais variadas. E, se hoje evoluímos como espíritos humanos, toda a nossa caminhada humana neste planeta (encarnações e vida espiritual) compõe um desenvolvimento humano que impulsionará nosso desenvolvimento como consciências para o retorno, manifestando nossa Origem e à Sua Criação servindo de forma plena.

Devemos compreender a Universalidade da Umbanda, justamente na sua pluralidade de manifestações, de linhas e de formas de trabalho. Esta universalidade se mostra a olho nu e só não vê quem não quer ou consegue. Mas ela deve se dar a partir de uma fundamentação teórica, que já existe e se encontra à disposição dos umbandistas encarnados.

Uma religião brasileira por excelência, que assim queira se definir, só pode ser universal e universalista, porque este país é, em sua essência, universal e universalista. Basta que voltemos ao tópico anterior e reflitamos acerca do que nele está colocado. A Umbanda é o retrato do Brasil, repito, país que recebe e adota todas as culturas e filosofias, venham por intermédio da fé e da religiosidade ou não.

A partir do momento em que entendemos a Umbanda como um movimento social-filosófico-religioso-evolutivo brasileiro universal e universalista, concluímos que jamais, em momento algum daqui para o futuro, poderemos dissociar a Umbanda do Brasil. Então, mais uma vez, como afirmamos no início desta obra, mostramos a Umbanda como participante dos movimentos realizados pela sociedade brasileira. E isto só aumenta nossa responsabilidade, pois, nós, os umbandistas, deveremos conduzir este barco de modo a não afundar e abrigar tudo aquilo e todos aqueles que restarem da sociedade brasileira e que estejam dispostos a recomeçar trilhando um novo e saudável rumo.

Afirmamos (baseado nas palavras do Senhor Caboclo das Sete Encruzilhadas, confirmadas pelos mestres e guias que nos orientam) que nossa escola evolutiva, a partir do Brasil, se espalhará pelo mundo afora. Em alguns países do mundo já temos templos umbandistas atuantes, mas ainda não compõem um movimento social-filosófico-
-religioso-evolutivo forte e cristalizado.

Mas isto não acontece fora do país, porque, no Brasil, a Umbanda ainda precisa apresentar-se completamente e afirmar-se, o que passa pela preparação dos umbandistas como manifestadores e trabalhadores desta escola evolutiva e filosofia de vida.

A Umbanda precisa ser vista no Brasil de forma plena. Continuo batendo nesta tecla, pois os templos umbandistas devem ser na prática o que a Umbanda manifesta em potencial: escolas filosóficas e religiosas ou templos sagrados do Conhecimento, templos religiosos, casas de atendimento social às comunidades, centros de desenvolvimento humano (e não somente mediúnico). E este desenvolvimento humano passa pela formação de grupos de estudo e discussão da condição humana, a partir do olhar umbandista.

Quando na plenitude isto estiver acontecendo e o umbandista realmente estiver preparado para falar e responder sobre a sua religião, então esta escola evolutiva catapultará do Brasil para o mundo. E, paralelamente a isto, por aqui, veremos uma Umbanda fortalecida contribuindo para sanar as feridas da sociedade brasileira. Apostemos nisso, trabalhemos neste sentido e este resultado veremos!

Somente uma escola evolutiva universal e universalista possui potencial para estas realizações, com todo o respeito que devemos às outras doutrinas religiosas existentes neste momento entre os humanos encarnados. Porém, para isto, os seus trabalhadores encarnados devem se preparar à altura. E somente o estudo e o conhecimento podem trazer e proporcionar esta preparação sem riscos.

Por isso, a transição dos terreiros para o formato de templos sagrados do conhecimento urge e se mostra à nossa frente. Um templo sagrado do Conhecimento dentro da filosofia umbandista deve ser composto por um corpo altamente preparado de trabalhadores para responder sobre qualquer assunto pertinente à Umbanda, sem titubear. Devem ser instrutores dos mais novos, fundamentados no conhecimento teológico umbandista.

Mas também devem, estes templos, manter-se (independentemente da irradiação divina que os sustenta) sob a irradiação dos Sagrados Orixás do Conhecimento (Pai Oxóssi e Mãe Obá), pois, por intermédio de suas hierarquias, sustentarão com suas irradiações divinas este aspecto na casa. E, para isto, toda uma preparação neste sentido, orientada pelos guias espirituais da casa, deve ocorrer.

A Umbanda Brasileira Universal e Universalista, como sempre, está de braços abertos e disposta a promover estas mudanças. Basta que arregacemos as mangas e as promovamos em nossos templos íntimos, primeiramente, e, em seguida, em nossos templos físicos no mundo material.

Busquemos o autoconhecimento, o conhecimento teológico umbandista e façamos de nossos templos casas abertas sete dias por semana. Se não for possível, quatro ou cinco, ao menos. Há muitas atividades que podem ser propostas e realizadas em um templo sagrado do conhecimento umbandista. Usemos a nossa inteligência para trabalhar em prol da Umbanda e sigamos as orientações dos nossos mestres e guias espirituais.

A Umbanda, a Liberdade de Expressão e a Liberdade do Espírito

Dissociar Umbanda de liberdade é como mudar o sentido de uma palavra. Umbanda e liberdade são sinônimos, e todo aquele que tentar fugir disso estará descaracterizando este movimento evolutivo. Porque a Umbanda é livre por essência e natureza e emana esta liberdade onde se manifesta, o tempo todo, para tudo e todos.

Quando a Umbanda é manifestada em ambientes nos quais as restrições começam a surgir, muito rapidamente sua vibração se retira daquele local, que entra em processo de decadência. Mas entendamos que, quando falo em liberdade, não me refiro a desordem, desrespeito à hierarquia. Toda casa deve ter regras e estas devem ser respeitadas. Porém, até mesmo na construção deste corpo de regras o bom senso deve imperar.

Porque se assim não for, causará constrangimentos, revoltas e movimentos escamoteados, de onde nascerão falácias, falações e fofocas. E quando uma casa promove e põe em prática esta liberdade intrínseca à Umbanda, permite e deixa à vontade (trabalhadores e adeptos) para, com educação, civilidade e respeito, colocarem e serem esclarecidos acerca de divergências ou situações eventuais que os incomodem.

Assim se deve promover a liberdade na Umbanda. É uma forma sadia e que previne feridas que podem levar todo um trabalho à bancarrota. Todo mal deve ser cortado na raiz, já diz o ditado popular, pois, na Umbanda, quando uma questão incômoda surge, nós temos o dever e responsabilidade de tentar solucioná-lo logo, zelando sempre pela harmonia, pelo equilíbrio, pela ordem e pela paz no ambiente.

Se formos sempre atentos a tudo e agirmos com ética e bom senso, com certeza teremos resultados maravilhosos e muitas questões não chegarão a prejudicar o trabalho realizado. Trabalho mal realizado em um templo é um trabalho mal realizado na Umbanda. É um equívoco pensarmos que as "sujeiras" podem ser jogadas para debaixo do tapete. Isto só acumulará problemas que, quando juntos explodirem, serão incontroláveis.

O senso de solidariedade e o sentimento de fraternidade devem se tornar presentes em todos os movimentos de uma comunidade em nossa sociedade. Não é diferente dentro dos grupos umbandistas que se formam e se manifestam nesta sociedade. E não nos esqueçamos de que devemos fazer da Umbanda a maquete da nossa sociedade, o exemplo para todos que, de fora, nos observam.

Pensar e agir com liberdade é caminhar no dia a dia sem preocupar-se com reações negativas, pois, se houver, não estarão respondendo a uma ação negativa nossa. É poder dormir tranquilo e acordar com sorriso no rosto. É transitar por todos os meios vibrando e emanando ondas positivas de amor, de pensamento fraterno, mesmo para aqueles que nos inundam com suas ondas e vibrações negativas.

Aquele que não teme a chuva, nela caminha, dança, gira, cantarola e com ela troca energias positivas, fortalecendo-se e a ela também. Aquele que a teme, em um mínimo contato com ela, resfria-se, adoece. E isto acontece porque aquele que sorriu para ela e, com ela, manteve uma relação positiva de amor, dela amor recebeu. Ao contrário daquele que a viu e a tratou negativamente, desta mesma forma recebeu suas vibrações.

Assim sempre deverão ocorrer nossas relações com tudo na Criação. O que enviarmos será o que receberemos. E se falamos neste momento em liberdade, então, a plantemos na Umbanda e na nossa sociedade e ela teremos ao nosso redor, assim como para tudo e para todos. Reflitamos, pois, muitas vezes, até mesmo na reivindicação de liberdade somos egoístas!

A Umbanda é libertária, promove e promulga a liberdade. Traz a liberdade em seu corpo, em suas ideias e na disseminação da sua teologia. Afinal, baseando-se na Ciência Divina que forma o Todo, só pode reproduzir a essência de Olorum, que é livre e quer liberdade para tudo e para todos.

A Mãe Umbanda sempre trará seus filhos sob seus braços, livres para optarem sempre por seus caminhos. Mesmo que optem pelo oposto do que por ela é sinalizado, ainda assim, a liberdade individual ela respeitará, mesmo que esta pseudoliberdade manifestada por seu filho ou filha seja, na verdade, reflexo de amarras conscienciais. E amarras podem levar a tudo, menos à liberdade!

Pensar Umbanda é pensar liberdade. Fazer Umbanda é construir um caminho livre e libertário. Promover, promulgar e disseminar a Umbanda é estender um tapete que, desenrolando-se, por onde passar, trará a liberdade de pensamento, de expressão e do espírito.

Porque pensar liberdade é pensar livre, aprendendo e construindo novos caminhos, concomitantemente; é flutuar de braços abertos pelos campos da consciência, sem amarras, sem grilhões que nos prendam ao chão. Esta deve ser uma conquista de todos os umbandistas, para que possamos, daí em diante, levá-las para a sociedade em que vivemos, pois esta é uma responsabilidade nossa.

Aquele que vive, naturalmente, em estado de liberdade, de forma livre pensa e se expressa. E nós somos aquilo que expressamos. Quando não somos o que expressamos, em verdade, nada somos. Por isso, devemos viver, sentir, pensar naturalmente livres, e com liberdade nos expressaremos e a verdadeira liberdade ao nosso redor espalharemos.

Sendo assim, pensando em Umbanda e liberdade como indissociáveis, já podemos pensar em liberdade de expressão na Umbanda e em nossa sociedade.

Liberdade de expressão

"Eu sou livre!"

Ouvimos esta frase, muitas vezes, até de forma desesperada, quando expressada por algumas pessoas. Todos nós nos definimos como pessoas livres. Há aqueles que confundem liberdade com descompromisso. Mal sabem estes que é exatamente no comprometimento que se encontra a verdadeira liberdade.

Porque esta liberdade se mostrará a todo aquele que se colocar e se posicionar, comprometendo-se com a sua comunidade, sociedade ou grupo com o qual assumiu compromisso e de que passou a fazer parte, como uma célula viva, atuante e importante para o funcionamento daquele "corpo".

Muitos abdicam e reivindicam liberdades de pensamento e expressão. Porém, estas acontecerão de fato, quando com ética e bom senso as manifestarmos. Nenhum tipo de liberdade me dá o direito de agredir ou desrespeitar a quem quer que seja! É preciso perceber que, quanto mais soltas forem minhas expressões e pensamentos e mais descompromissadas se manifestarem, menos livre eu serei.

Porque o compromisso e o comprometimento andam lado a lado com a liberdade. E tudo isso se manifesta quando respeitamos os semelhantes, os diferentes. O mundo não foi construído para o meu bel-prazer e, só por isso, já devo entender e respeitar o que não entendo como bom para mim.

Portanto, irmãos umbandistas, liberdade de expressão nada tem a ver com libertinagem verbal. Corre longe da manifestação de pensamentos egoístas travestidos de ideias libertárias. A liberdade de expressão tem em seu cerne o respeito às diferenças, à variedade de opiniões e pensamentos. Ou, rapidamente, promoveremos na Umbanda e na sociedade um despotismo pouco esclarecido e conduzido por poucos, dizendo-se donos do que quer que seja.

Reflitamos acerca disso! Afinal, devemos promover e evoluir em liberdade, com liberdade e buscando, sempre mais e mais, transformar nosso mundo e sociedade tendo na liberdade a mola mestra de pensamento e manifestação. Sem ela, nada se promove, nem se cristaliza. Sem ela, não haveria Umbanda e a sociedade se tornaria um agrupamento de robôs conduzidos por meia dúzia de imbecis.

Peço desculpas pelo termo mais pesado, mas é o que realmente acontece! Espertos e inteligentíssimos se acham aqueles que procuram conduzir as mentes humanas, escravizando-as. Isto até que se coloquem diante, no lado espiritual da vida, das consequências que eles mesmos plantaram e serão executadas pela Lei Maior, a lei dos procedimentos na Criação.

Expressar-me com liberdade é me expressar com qualidade. Então, devo sempre usar de uma virtude divina que a nós foi dada: o raciocínio. Raciocinando, usarei da "balança da justiça" que habita em meu íntimo e farei da minha expressão algo que contribua para mim, meu semelhante e o Todo. Desta forma, eu me expressarei com liberdade, sem a necessidade de berrar, rosnar ou abdicar liberdade de expressão.

Esta liberdade nas expressões tão reivindicada em nossa sociedade habita na Umbanda desde que esta escola evolutiva se manifestou pela primeira vez, há pouco mais de cem anos. Basta que observemos nos dados e fatos históricos acerca da primeira manifestação do Senhor Caboclo das Sete Encruzilhadas e em outros depoimentos sobre os trabalhos desenvolvidos por Pai Zélio Fernandino de Moraes e veremos a liberdade intrínseca na Umbanda como um todo, assim como a liberdade de expressão em todos os trabalhos e manifestações umbandistas. Não detalharei fatos, a fim de que você, leitor umbandista, recorra a esses registros e reflita!

Eu me expresso com liberdade, nunca com o intuito de ferir alguém ou estremecer algo, mas com a real e clara intenção de provocar reflexões que possam vir a promover mudanças ou, ao menos, um debate que contribua para o meu crescimento, do semelhante e também da minha comunidade, neste caso a comunidade umbandista.

Porque, se assim não pensarmos, cairemos na armadilha do individualismo, que nos atolará em uma areia movediça que nos isola da nossa comunidade e nos aparta da sociedade. E ninguém construirá a Umbanda sozinho, porque nada é construído por uma só mente pensante, mas por um conjunto delas que plasmam e formam uma ideia maior.

É a partir deste conceito de liberdade de pensamento e expressão que os dirigentes da nossa amada Umbanda, no astral superior, pretendem nos ensinar para que, em seguida, apliquemos os aprendizados em nosso dia a dia aqui no plano material, assim como em nossas lidas umbandistas, de onde, fatalmente, disseminaremos estes conceitos sadios para uma boa convivência em sociedade.

Muitas vezes, não pensamos em como se formam as sociedades no astral. Pois, se assim fizéssemos e abríssemos nossos mentais para que nossos guias espirituais nos instruíssem, pela Umbanda começaríamos a construir aqui, no mundo material, uma sociedade mais saudável, justa e igualitária.

E, se assim começarmos a fazer, a partir de agora, compreenderemos e promoveremos a liberdade de expressão dentro da Umbanda, afixando, em seu corpo, a liberdade da forma mais sadia que se pode ter, que é dentro dos parâmetros da verdade, do respeito, com civilidade e compreensão das diferenças.

A liberdade do espírito

Livre é o espírito que sorri com o coração!

Sem uma manifestação natural de Amor, nenhum espírito será, de fato, livre. Exatamente porque este espírito, amargurado e amarrado em sua consciência, nunca conseguirá trilhar sua estrada com liberdade. Sentir-se-á sempre enjaulado ou carregando grilhões amarrados aos pés.

Se somos consciências na Origem, não há liberdade do espírito com consciência amarrada. As tão faladas amarras consciencias nos aprisionam e não permitem que sejamos verdadeiramente livres. Regulam a nossa caminhada e acabam, por vezes, direcionando-nos, sem que nos apercebamos. E quem pode se definir um espírito realmente livre nesta condição?

Se clamo a Deus pela real liberdade do meu espírito, devo pedir também o clareamento e o esclarecimento, para que eu possa discernir e encontrar o caminho que me dará esta liberdade e, eventualmente, me auxiliará para que me liberte a partir da consciência, chegando, consequentemente, ao espírito.

Para que a Umbanda possa contribuir sadiamente para esta liberdade se manifestar em meu espírito, preciso me despir de vergonhas, receios, tabus e conceitos preestabelecidos. Devo me colocar de peito aberto para que a transmutação aconteça em minha vida, abrindo mão de tudo o que me amarra e, principalmente, me mantem acorrentado a experiências danosas ao meu ser.

Somos seres de origem divina, tendo na Umbanda a oportunidade de reparar erros, aparar as arestas, o que fazemos constantemente, até. Mas esta escola evolutiva também se coloca à nossa disposição, para que resolvamos de uma vez por todas as questões que nos amarram. Queiramos isto realmente e a Umbanda, por intermédio dos manifestadores dos mistérios divinos, nos auxiliará.

Uma vida em sociedade só ocorre realmente quando os seres são livres, em todos os sentidos. Os grupos ou comunidades que formam nosso corpo social ou emanam vibrações positivas, que sutilizam e elevam, ou emanam vibrações doentias, que acabam enfermizando a sociedade em que vivemos.

Usemos como exemplo a comunidade negra escravizada no Brasil até bem pouco tempo (lembremos que nosso país foi o último no mundo a abolir a escravatura). Os negros viviam em comunidades, nas senzalas. O que podiam fazer uns pelos outros? Muito pouco ou quase nada! Por quê? Porque dentro daquela pequena comunidade não havia um sequer que vivesse e sentisse em seu íntimo a liberdade.

Seria necessário que um, apenas um, se libertasse e pudesse, a partir daquele momento, trabalhar pela liberdade dos outros. Mas isto não acontecia, pois morriam antes de conseguir pensar em viver livremente. E até mesmo os foragidos, nada mais do que isso se tornavam, mas nunca... livres!

Transportemos este raciocíno para a nossa sociedade atual. Quem vai libertar quem das amarras conscienciais? Em analogia com os escravos de uma mesma senzala, concluímos que todos estamos nas mesmas condições. Será? Observemos ao nosso redor.

Mas, na Umbanda, esta escola social evolutiva, como poderemos promover a libertação do espírito se nos encontramos todos nas mesmas condições? Pois, usemos e aproveitemos o que a Umbanda tem de melhor e nos oferece. Elevemos as mãos ao Alto e permitamos que Olorum e os Orixás Divinos nos banhem com suas bênçãos e ondas divinas. Estendamos nossas mãos à frente e permitamos que nossos mestres e guias espirituais nos conduzam pelos caminhos onde nós mesmos desamarraremos nossas consciências e caminharemos como espíritos livres, dali em diante.

Sem amarras na Origem, ou seja, na consciênca, podemos pensar, agir, caminhar e nos enxergarmos no divino espelho da vida como espíritos livres, trabalhadores e construtores de uma vida melhor na Criação para quem nela habita. Seremos, de fato, os operários desta Obra Divina que, por intermédio de uma escola social evolutiva filosófica denominada Umbanda, aprendemos, continuamos aprendendo e, paralelamente, trabalhamos para a melhoria e o aperfeiçoamento de tudo e todos.

Uma sociedade estável e equilibrada é formada por seres livres que manifestam esta liberdade não apenas no pensamento, nas palavras, gestos e expressões, mas também no coração, pois, de um modo ou de outro, somente através do Amor conseguiremos resultados práticos, factíveis e reais.

Espero que as reflexões já colocadas possam promover no íntimo dos leitores que aqui chegaram as mudanças necessárias para que construamos uma Umbanda mais sadia e, a partir dela, uma sociedade mais justa e equilibrada.

Ordenemos nossos pensamentos e atos. Trabalhemos com Fé em nosso dia a dia, com Amor pela Umbanda e pelo nosso mundo, e carreguemos em nosso interior uma vontade sincera de promover em nós e na sociedade as mudanças necessárias para uma vida harmônica em comunidade.

Pensar Umbanda é pensar em sociedade, sem tabus e preconceitos.

A Umbanda e o Preconceito

A principal erva daninha da nossa sociedade é o preconceito. Os prejulgamentos, as ideias concebidas a partir de conceitos predefinidos acerca de algo ou alguém por conta de uma condição ou escolha, vão criando as discriminações e todas as diferenciações formadas, ao longo dos tempos, em nossa sociedade.

Não devemos esquecer que somos espíritos humanos em evolução e, como tal, estamos em processo de avaliação. Portanto, os avaliados não possuem condições, ainda, de avaliar tantos outros semelhantes. É como se um candidato em um concurso público definisse aqueles que devem preencher as vagas predeterminadas.

Compreender o outro só acontece de fato e plenamente quando compreendemos e aceitamos com naturalidade as diferenças, sejam quais forem. Nosso Pai e Criador, assim como nossa Mãe e Geradora, em hipótese alguma discrimina seus filhos e suas filhas humanos, estejam onde estiverem, em cima, embaixo, na direita ou na esquerda.

A Umbanda é um movimento evolutivo e, só por isso, apenas e nada mais, não combina com qualquer forma ou manifestação de preconceito ou discriminação. É inclusiva e inclusora, abarca em seu seio todos, sem questionamentos, procurando sempre auxiliar aqueles que a ela procuram em suas jornadas, acelerando seus processos evolutivos no rumo da Sabedoria Maior.

Se assim ela se mostra, então não faz sentido qualquer manifestação preconceituosa em seu lado material, ou seja, nos templos. Todo aquele que a uma casa umbandista adentra, por ela foi acolhido e por nós, os umbandistas, deverá ser bem recebido. Isto é fato! Nós, trabalhadores de Umbanda, temos o direito à livre manifestação de opiniões sempre, mas preconceito de qualquer nível ou espécie corre longe da nossa liberdade de expressão de ideias e pensamentos.

A Umbanda foi pensada e criada no astral para abarcar em seu seio todo aquele que a Deus quiser se voltar e retornar, caminhando em paz, com fé, conhecimento, construindo, a cada passo, sua estrada no rumo da sabedoria. E nesta construção não idealizou tipos, arquétipos, jeitos, formas, vestimentas, cores, opções de todas as espécies... apenas colocou-se como uma Mãe Sagrada, manifestadora e veiculadora das Qualidades Divinas por intermédio dos Mistérios Maiores que vêm se manifestando nos terreiros, há pouco mais de cem anos, através de hierarquias organizadas, ordenadas e prontas a auxiliar quem as procurar em suas sendas evolutivas.

Tudo isto foi descrito para que aquele que até aqui chegou busque voltar-se para seu íntimo e reflita se, de fato, em sua prática cotidiana dentro da Umbanda, tem cumprido com estas normas. Sim! Por mais que isto possa não estar acontecendo em alguns templos umbandistas (ou em muitos), é uma norma dentro da religião. Assim nos dizem os Mestres da Evolução e guias espirituais de Umbanda. E fica muito fácil chegarmos a esta conclusão quando acessamos, em nosso íntimos, o bom senso.

Um movimento evolutivo, filosófico e religioso, que se apresenta justamente como uma filosofia de vida por meio da manifestação da Fé e a exige cada vez mais de seus adeptos e seguidores a busca pelo conhecimento, não pode carregar em seu interior manifestações que contradigam isso tudo. E o preconceito não só contradiz, como expulsa, quando consegue se afirmar, todos os valores básicos e fundamentais da Umbanda.

Já escrevemos nesta obra que a Umbanda deve ser a nossa maquete de uma sociedade ideal. E uma sociedade sadia e igualitária não pode carregar o preconceito. É como querer ser saudável carregando em seu organismo um câncer. Isto é impossível! Então, daqui em diante, neste capítulo, abordaremos dois tópicos fundamentais para esta reflexão...

O preconceito no seio umbandista

No interior de um templo umbandista devem imperar a fé, o amor, o conhecimento, o equilíbrio, a ordenação, a evolução e a criatividade. E também a paz, a harmonia, o entrelaçamento de ideais em prol de uma evolução saudável para o nosso planeta. Insistindo na ideia de a Umbanda ser uma maquete para a nossa sociedade, concluímos que esta maquete deve exportar bons valores para a sociedade e não absorver desta valores destrutivos.

E isto ocorre quando nós, trabalhadores e adeptos, trazemos para o interior do templo as mazelas do mundo lá fora. É perfeitamente normal que isto aconteça e sabemos até que uma das funções da nossa escola evolutiva é recebê-las, mas para diluí-las e transmutá-las e não para arraigá-las e reproduzi-las em seu interior.

Já sabemos que os grandes responsáveis por todos os movimentos da Umbanda no mundo material somos nós, seus trabalhadores encarnados. E, quando começamos a reproduzir mazelas das nossas vidas e da sociedade dentro do templo, estamos descaracterizando-o, assim como, também, todo o trabalho nele realizado e a Umbanda como um todo.

Esta descaracterização ocorre a partir do momento em que começamos a praticar e reproduzir em nosso ambiente umbandista tudo aquilo que deveria ser, lá dentro, transmutado, a partir do esclarecimento. Mas como esclarecer aqueles que trazem as mazelas do preconceito para dentro da Umbanda? De um modo muito simples: buscando o conhecimento, absorvendo-o e reproduzindo. Esta é uma tecla já muito batida nesta obra, e assim será até sua última letra. Ou buscamos de fato o conhecimento ou seremos os grandes responsáveis pelo sucumbimento desta nossa filosofia religiosa de vida.

Há todo um conhecimento científico, filosófico, teológico e ético umbandista. Só precisamos ter boa vontade. Quando um dirigente e os trabalhadores de um templo encontram espaço e tempo para reuniões de estudo, já estão dando o primeiro passo neste rumo. Mas, também, até nesses momentos, a humildade e simplicidade devem imperar. Jamais esses momentos devem servir de palco para exibições vaidosas de quem quer que seja!

Uma corrente mediúnica equilibrada começa por um dirigente atento e atencioso, ligado a todos os detalhes da casa que dirige, desde o papel higiênico no banheiro, até as velas e outros elementos no altar, passando pelas necessidades das entidades que se manifestam na casa, pelo conforto e bom atendimento aos consulentes. Tudo, tudo mesmo, deve passar sob os olhos daquele que dirige uma casa de Umbanda.

E tem continuidade em seus médiuns, desde os mais velhos e experientes aos mais novos e em desenvolvimento, cambonos, enfim, os níveis de desenvolvimento mediúnico são individuais, mas a responsabilidade é única. Todos devem, devidamente preparados, manter a ética e o bom senso na casa. E isto começa pela atitude de cada um, regulando, medindo em si mesmo palavras, atos, pensamentos.

Pequenos comentários aparentemente inofensivos, acerca de roupas, formas físicas, orientações sexuais de médiuns ou adeptos, devem ser abolidos da Umbanda. Cada médium é um fiscal umbandista, mas um adepto também o é. E o dirigente é um fiscal com outorga e dever de paralisar estes movimentos daninhos à nossa escola evolutiva.

Quando o dirigente participa da sustentação dos mais variados tipos de preconceito, observemos bem, invariavelmente, a casa sucumbe. Quando não participa, mas também não trava essas manifestações, também ocorre o mesmo. Porém, quando faz uso da sua autoridade para tolher estas movimentações, então mantém a ordem, o equilíbrio e o trabalho sadio. Fazendo assim, evita que mais uma ferida se crie no corpo da nossa Mãe Umbanda.

Aqui, neste tópico, pudemos perceber que nossa escola evolutiva quer de nós, exatamente, que evoluamos de fato. E, para isto, devemos querer intimamente a evolução e praticarmos, diariamente, estas transformações. Tudo o que aqui foi descrito deve ser praticado dentro da Umbanda e estendido para fora dela, em nosso dia a dia.

Se nós, umbandistas, retirarmos o preconceito do seio do nosso movimento evolutivo, reproduziremos esta atitude no mundo fora do terreiro. E quem tem atitude firme acaba trazendo consigo pessoas que também mudarão suas formas de pensar e agir. Porque demonstrar atitude firme é fincar no solo a bandeira da convicção. E isto, naturalmente, alcançará grupos cada vez maiores de pessoas convencidas de que este é o melhor caminho.

Discriminação nos templos

Quando falamos em preconceito, percebemos que este termo também carrega em si outro muito perigoso: a discriminação. Falamos nesta obra em um modelo de sociedade justa, igualitária. Será que é realmente possível? Ou será uma eterna utopia, que trespassará a linha do tempo neste mundo material e continuará sendo uma meta abstrata de muitos que por aqui passarão?

Devemos trabalhar para a evolução sobre metas concretas, focalizando nossos objetivos e buscando resultados reais. Quando tergiversamos, a utopia impera e nada se concretiza. Nada é impossível ou utópico quando temos vontade, atitude e trabalhamos de forma concreta. Todos falamos muito, mas, na hora de agir, de buscar as reformas em nós mesmos, acabamos tornando as coisas mais difíceis.

A discriminação de qualquer tipo em nossa sociedade atravanca a evolução do Todo, isto é certo! Aqueles que discriminam se consideram privilegiados e enxergam outros dos seus irmãos como inferiores ou atrasados; se pudessem visualizar e perceber o atraso que estão promovendo em suas próprias caminhadas e tivessem retirado de suas vistas o véu da ilusão, com certeza, imediatamente se ajoelhariam, pediriam perdão e clemência a Deus e uma nova oportunidade para reparar sua própria ignorância.

Estar alguns passos à frente de qualquer outro irmão em Deus no Conhecimento, por exemplo, não nos torna melhores do que ele ou qualquer outro humano. Pensemos, nossos mestres espirituais estão muitos passos à nossa frente, no conhecimento e na jornada evolutiva. Ainda assim, cá estão nos auxiliando em nossas caminhadas e em momento algum nos tratam com soberba ou nos olham com superioridade. São sábios e, só por isso, são Mestres!

Se concordamos que assim deve ser em nossa sociedade, então concordamos também que no seio umbandista a discriminação, quando surgir, deve ser abolida imediatamente. Todo aquele que adentra um templo, chega à Umbanda atraído por ela e direcionado e conduzido por toda uma egrégora que o ampara e tem expectativa de que aquele templo manifestador desta escola evolutiva possa amparar, auxiliar, esclarecer e contribuir para a condução da jornada daquela pessoa de forma sadia.

Sendo assim, quando alguém, por qualquer motivo, atravanca este processo, está interferindo em um plano divino, que encaminhou aquela pessoa até lá, e atrapalhando todo o trabalho de uma egrégora divina e espiritual. Não terá, esta pessoa, de responder à Lei Maior por esses atos? Reflitamos!

Frustrar expectativas positivas com atitudes negativas, com certeza, cria uma dívida daquele que pratica essas ações destrutivas para com os Senhores e os agentes da Lei e da Justiça Maiores. Porque está interferindo no que não é da sua alçada e não lhe é devido. É como se um servidor público tomasse para si e cumprisse funções de competência de autarquias superiores. Como se um policial, em sua ação profissional, extrapolasse suas funções e julgasse a pessoa detida.

Quem está trabalhando na Umbanda (inclusive dirigentes) não tem o poder do julgamento. Toda e qualquer decisão, em nossa escola religiosa e evolutiva, deve ser passada ao guia espiritual responsável pela casa. Sabemos, guias espirituais de Lei não cometem injustiças. Nós, os encarnados, inclusive os sacerdotes, somos meros instrumentos para a realização do plano divino e espiritual para o qual fomos designados.

Somos aparelhos e, como tal, devemos estar bem preparados, com conhecimento, para que possamos, com sabedoria, receber as orientações que vêm dos guias e Orixás que nos amparam e conduzem. Isto também faz parte da simplicidade e complexidade umbandistas descritas anteriormente nesta obra. Analisem e perceberão!

Discriminação em um templo umbandista só ocorre com o aval ou "vistas grossas" do dirigente. Não há chefe de qualquer casa de Umbanda que não perceba quando isso ocorre. E não pode haver, em hipótese alguma, conivência, tampouco participação ativa em atos discriminatórios por parte de dirigentes. Estes devem ser sempre implacáveis quando tais situações se colocarem à sua frente. E elas sempre se colocam!

Um cambono não é inferior a um médium. Ao contrário, é uma função essencial para o bom funcionamento dos trabalhos. Retiremo-lo das engiras e vejamos como tudo fica! Portanto, o tratamento de respeito para com os que cumprem essa função deve ocorrer sempre, de dirigentes a médiuns. A assistência percebe quando uma casa está se desequilibrando. E esta mesma assistência é o termômetro de um templo. Basta percebermos quando há aumento ou diminuição substancial no número de pessoas que procuram os trabalhos espirituais.

Discriminações também ocorrem quando começam a aparecer privilégios. Assistentes que passam à frente de outros, porque, por algum motivo, recebem vantagens, por conhecerem este ou aquele médium ou, até mesmo, o dirigente. Isto começa a derrubar a casa, quando outros frequentadores ali se sentem diminuídos e começam a ver que aquela casa umbandista não dá importância a eles e suas questões.

Um trabalho correto e reto, equilibrado e ordenado tem suas regras, e as exceções devem ocorrer em casos extremos, como, por exemplo, doenças graves, gestantes, pessoas idosas e de saúde debilitada. Em caso contrário, caímos no privilégio e na discriminação, combustíveis fortíssimos para a sustentação do preconceito.

Se sabemos que dentro da Umbanda reproduzimos o que somos em sociedade, também temos o dever de saber, a partir de agora, que a Umbanda deverá ser, justamente, a transmutadora das consciências daqueles que a procuram, para que possamos construir uma sociedade equilibrada e sadia.

Estamos em evolução e vivemos aqui no mundo material para nos aperfeiçoarmos, assim como a nossa senda evolutiva. Mas podemos ter aqui uma caminhada mais sadia, sem percalços ou tropeços que nós mesmos promovemos por intermédio da ignorância. Pensemos muitas vezes antes de manifestar opiniões julgadoras acerca de algo ou alguém.

Se nos policiarmos desta forma, estaremos treinando e praticando o que podemos considerar ideal. O equilíbrio e a estabilidade fluirão de cada um de nós e, assim ocorrendo, se reproduzirão ao nosso redor, em nossa sociedade e na Criação como um todo.

Mas a discriminação e o preconceito no seio umbandista tornam-se ervas daninhas fulminantes, quando acontecem dentro da corrente mediúnica. No momento em que pequenos grupos de médiuns começam a trabalhar contra algum irmão da corrente, o alerta deve ser acionado pelo dirigente. Ou corta o mal pela raiz ou todo um trabalho começa a afundar na areia movediça da vaidade.

Reuniões de estudos, mas também para discussões de assuntos variados, assim como de confraternização, podem e devem ocorrer dentro das possibilidades do calendário da casa e de todos os participantes. Evitar as "panelinhas" é dever do dirigente, estimulando que os integrantes da corrente trabalhem sempre em grupos alternados, na execução das mais variadas tarefas. Isto auxilia na congregação de todos e também facilita tudo aos olhos do dirigente, pois perceberá semblantes e atitudes de cada um deles em cada situação e na parceria com um ou outro irmão de corrente.

Neste capítulo, buscamos trazer uma reflexão acerca de algo que pode levar todo um trabalho à bancarrota. Se, em alguns momentos, nossa linguagem pareceu dura ou seca, foi, exatamente, para que a realidade nua e crua fosse mostrada e pudesse auxiliar quem aqui chegou a ter uma visão clara de como as coisas ocorrem. Pois, muitas vezes, quando nos encontramos em uma situação, não nos apercebemos da sua gravidade ou dos prejuízos que ela promove.

Esperamos que, de fato, nossa dissertação sobre o preconceito, seus prejuízos à nossa sociedade e à Umbanda, possam provocar em cada um de nós uma autoavaliação. Que sejamos claros em nossas observações e passemos a mudar, a partir de agora, algumas atitudes, falas e pensamentos, carregados de discriminações e preconceitos.

E que, com nossas visões límpidas, possamos olhar para os movimentos que ocorrem na nossa sociedade, como a Umbanda se coloca perante os mesmos e como ela pode contribuir para suas melhorias.

Sob a Égide do Divino Oxalá (o Espaço), o Tempo, a Lei e a Evolução Regulam os Movimentos da Sociedade

Oxalá é a Divindade que emana, para tudo e todos na Criação, vibrações de Fé o tempo todo. Imanta-nos e nos abastece com a confiança necessária para que possamos viver, em qualquer realidade que estejamos. As suas irradiações cristalinas são mais do que necessárias, são fundamentais para todo e qualquer movimento em qualquer ponto da Criação.

Nenhum ser vivente dá um passo à frente que seja, se não tiver em si fé e confiança. Imaginemos, se vivêssemos, o tempo todo, banhados em medo, o que seria das nossas vidas? Fé e confiança não teríamos para atravessar a rua, nem mesmo para sair de casa ou levantar da cama. Seríamos autênticos parasitas tomados pelo medo e falta de confiança.

Esta análise nos faz perceber que o medo está no polo oposto da Fé. Portanto, quando nos banhamos neste sentimento, distanciamo-nos mais e mais deste sentido básico e fundamental à existência de qualquer ser. E se tomarmos este rumo, com certeza, nos tornaremos seres inseguros, desconfiados e fracos, pois nem para pensar positivo teremos ânimo e força.

Tudo isso aqui colocado serve para que, no início deste capítulo, possamos refletir bastante acerca de nós mesmos. Como está a Fé em nossas vidas? Sempre associamos este sentido à religiosidade, que é apenas um aspecto do primeiro sentido da vida, a Fé. E se entendermos o que foi colocado nos parágrafos anteriores, então saberemos que a Fé está em tudo, até mesmo no ato de respirar.

A nossa sociedade capitalista ocidental é movimentada pela lei de mercado. Isto é indiscutível e se mostra claramente a todos. Nos movimentos desse mercado podemos perceber presença ou ausência da Fé, o primeiro sentido da Vida. A questão do trabalho, comércio, emprego, envolvem fé (crença e confiança) em que os projetos e empreendimentos vingarão ou que as coisas tomarão um rumo adequado, especialmente para aqueles que pleiteiam um bom emprego e uma melhora econômica em suas vidas.

Até mesmo os empresários (de grande, médio ou pequeno porte) são movidos pela fé, pois, não tivessem crença e confiança em seus empreendimentos, não gerariam empregos e o mercado não se movimentaria. Então, surge um questionamento: a Fé movimenta e o medo paralisa nossa sociedade? Sim. Basta percebermos tudo o que foi descrito nas últimas linhas e veremos o primeiro sentido da vida movimentando tudo ao nosso redor, no nosso dia a dia ou paralisando tudo quando este mesmo sentido se faz ausente.

A nossa sociedade é reflexo de um conjunto de ações individuais, em que grupos predominantes ditam as regras e todos as seguem, para que tenhamos ordenação e não vivamos no caos. E estas ações individuais formam os movimentos que regulam e animam o nosso meio social. A Fé, reguladora da vida, assim o é nela como um todo. E a sociedade é vida pulsante. Ou não é? Claro que é! Um conjunto de seres vivos forma uma vida social. E esta impulsiona a vida naquele grupo e na Criação, por consequência.

Usaremos, a seguir, um exemplo simples de presença da fé no dia a dia da sociedade: em uma rua, um grupo de moradores resolve criar uma associação e, como primeiro ato, decide tomar medidas de segurança para que todos possam viver mais tranquilos. Naquela rua, aquele agrupamento forma uma pequena sociedade, dentro daquele bairro, que é outra sociedade, dentro da cidade, do estado, do país, do continente, e daí em diante. Aquela pequena sociedade sente os reflexos da insegurança do mundo moderno e resolve criar medidas para fortalecer a segurança de todos que ali vivem. Para concretizarem esse projeto, qual a primeira coisa que precisam? Fé!

Exatamente, porque sem fé não conseguem se mobilizar, adquirir material, mão de obra e tudo o que for necessário para alcançarem o objetivo.

Então, surge uma nova pergunta: a Fé regula ou não os movimentos da nossa sociedade? E eu mesmo respondo: regula, o tempo todo. Ainda assim, alguém pode perguntar: estamos falando em Fé, no Divino Pai Oxalá, mas onde está o aspecto religioso nisso tudo?

Bem, como citei anteriormente, a religiosidade é um aspecto da Fé. E esta nossa dissertação mostra que o primeiro sentido da Vida é muito mais abrangente, o que não torna a religiosidade menos importante. E é sobre isto que dissertaremos agora.

Fé e religação

A religiosidade, sob o aspecto da Fé, primeiro sentido da Vida e primeira linha de Umbanda, é fundamental para que os seres percebam-se, sintam-se ligados a Deus o tempo todo. Porque, como filhos que saímos para experienciar fora do âmago de Deus, necessitamos deste fio que nos religa à Origem. Mas por que esta necessidade, se Deus está em tudo, em todos, está em nós o tempo todo?

Primeiramente, deixemos claro que esta é uma necessidade nossa, seres humanos em evolução. Porque estamos caminhando em uma estrada que se apresenta, a cada momento, com formas e nuances diferentes, com instabilidades, inconstâncias que ora nos fazem tremer, balançar, ora nos permitem sentir mais firmeza.

A questão é bem simples e podemos perceber nesta breve explicação: esse sutil fio que nos religa ao Divino é poderoso o suficiente para que nos mantenhamos com Fé e não desistamos ou paralisemos durante a nossa jornada. Esse fio, na nossa sociedade humana, é denominado "religiosidade", porque promove exatamente a religação dos seres com a sua Origem Divina. E essa ligação se manifesta na vida material, a partir da organização de grupos, por intermédio das religiões.

Esse fio pode assumir cores e nuanças das mais variadas conforme a necessidade de cada ser. Isto explica por que tantas religiões foram e continuam sendo criadas dentro da história da humanidade. Elas, as religiões, são formadas com o intuito de reunir grupos afins de seres que, dentro de modos e preceitos específicos, ritualizarão, reverenciarão e se religarão a Deus.

Nada mais é do que uma forma organizada de se cultuar, amar e reverenciar nossa Origem. Se existem muitas religiões, assim acontece porque somos diversos, temos necessidades variadas e, por caminhos diferentes, todos retornaremos à Origem, mais "velhos", experientes e manifestando-A da forma como Ela deseja.

Então, quando alguém argumentar que não precisa de religião para viver, respeite; afinal, em uma sociedade democrática toda forma de pensamento manifesta vida, pois quem não pensa não desenvolve o raciocínio, pode até respirar, mas não vive de fato. Mas também entenda que essa pessoa desligou o fio que a mantém conectada com a Origem Divina. Isto, por mais que não perceba, dificultará sua caminhada. Mais cedo ou mais tarde, em sua senda evolutiva, o ser perceberá isto e, em um simples ato, religará sua conexão.

A confusão e a falta de esclarecimento na distinção entre fé e religiosidade acabam criando uma série de análises equivocadas. Os ateus e agnósticos, por exemplo, invariavelmente fazem esta relação. Mas não se apercebem, especialmente os ateus, que não crer em Deus, na verdade, é crer na não existência da Origem Divina. Negar a existência de Deus também é uma crença, uma "fé às avessas". Portanto, creem em algo. Isto demonstra, mais uma vez, a distinção entre fé e religiosidade. Releia este parágrafo quantas vezes achar necessário e reflita sobre isto.

As religiões se fazem necessárias, segundo os Mestres da Evolução e guias espirituais de Umbanda que nos amparam, para todos os seres em evolução, que da Origem saíram e trilham pelas estradas sinuosas da Criação. Nós, humanos, enquadramo-nos nesta necessidade.

Se, por um lado, as religiões promovem esta religação, há, em alguns momentos, equívocos promovidos pelas mesmas. Precisamos entender que cumprem, sim, uma função divina entre nós, mas são administradas e direcionadas aqui neste nosso mundo por seres em evolução, falíveis e que, aqui encarnados, se encontram em situação similar de aprendizado àqueles que por eles são conduzidos.

Exatamente! Um sacerdote ou líder religioso em nada se mostra, faz-se ou é melhor do que o adepto da sua religião. Recebeu uma outorga que é uma responsabilidade infinitamente maior que a do adepto ou fiel, mas, como ser humano encarnado e em evolução, possui mazelas a serem ajustadas e resolvidas, como qualquer outro.

Portanto, não "endeusemos" seres humanos. Deus está bem próximo de nós, em nossos íntimos, mas isto não nos torna Ele/Ela, que nos habita com sua centelha divina, assim como tudo à nossa volta, especialmente na Natureza.

Fé e religação na Umbanda

Como essa religação com Deus se mostra na Umbanda? Não há melhor definição acerca disso, que a de Pai Benedito de Aruanda, por intermédio do Mestre Rubens Saraceni, quando define a Umbanda como uma religião Natural.

Por si só, esta definição já responde a pergunta que abre este tópico. A religação na Umbanda se mostra e se dá por intermédio da Natureza Mãe, das hierarquias naturais dos Orixás Sagrados, que são as divindades manifestadores dos aspectos de nossa Origem Divina, nosso Deus.

Não se pode pensar em Umbanda sem pensar em natureza e em todas as suas manifestações. A Natureza é manifestação divina ou um conjunto de manifestações divinas reunidas e condensadas. E uma religião natural como é a Umbanda usufrui dessas manifestações para, o tempo todo, manter seus adeptos religados à sua Origem.

Portanto, todo e qualquer tabu ou manifestação preconceituosa no que se refere aos nossos ritos na natureza, oferendas ou trabalhos com elementos, deve ser sempre respondido com sabedoria. Simplesmente porque tudo isso tem fundamentação científica divina e pode, e deve, ser explicado e mostrado pelos umbandistas àqueles que demonstram ignorância neste assunto.

Irmãos e irmãs umbandistas, inflem o peito e orgulhem-se de pertencer a esta religião natural que, a partir de toda manifestação da natureza, nos mantém religados à Origem! E mostrem a quem ainda não entende que em uma pequena pedra, semente ou pétala de rosa há um poder divino infinito que, se acionado positivamente, pode realizar processos maravilhosos de cura, de reequilíbrio e de ordenação de seres, ambientes e situações.

A nossa religação com o divino na Umbanda é alegre, prazerosa e natural!

A Umbanda e os movimentos da sociedade no espaço e no tempo

A Fé, já sabemos, é o primeiro sentido da vida, básico e primal para qualquer movimentação. Temos no Pai Oxalá a manifestação divina do polo masculino desta divindade (da Fé) e na Mãe Logunã, a manifestação do polo feminino deste aspecto do nosso Criador. Então, podemos compreender que em tudo na Criação há polaridades, complementações; há o masculino e o feminino. Afinal, tudo isso está em Deus e se reproduz em todas as Suas manifestações e por toda a Criação.

O Sagrado Pai Oxalá é o Espaço Absoluto na Criação, já a Sagrada Mãe Logunã (Oiá-Tempo) é o Tempo (cronológico, não climático). Espaço e Tempo regem e regulam todos os movimentos. Se isto ainda não se mostra claro para alguns, sugiro que interrompam por alguns instantes esta leitura e reflitam. Tudo ocorre dentro do Espaço e do Tempo. Observe tudo, todos os movimentos ao seu redor, ao menos durante este curto espaço de tempo que é sua vida na matéria.

Pronto, reflexão realizada! Agora, já sabemos que Espaço e Tempo regem e regulam todos os movimentos da nossa sociedade e que todos ocorrem dentro do Tempo e do Espaço. Discurso repetitivo? Não, apenas afixação de conceitos básicos para que possamos seguir em frente.

Assim sendo, podemos afirmar que a Fé regula os movimentos da sociedade, porque é a manifestação divina básica para todo e qualquer movimento por nós realizado. A vida em sociedade é, por si só, e em si, um ato de Fé. E sendo um ato de Fé, tem na Divindade Oxalá a irradiação cristalina constante e as irradiações corretivas de Mãe Logunã quando isso se faz necessário. Afinal, sempre ouvimos falar que o Tempo resolve tudo, quando temos algum problema, não é mesmo? E resolve, pois, no Tempo, tudo se ajeita.

O Sagrado Pai Oxalá é o regente máximo das movimentações sob o aspecto do Espaço Absoluto. Mãe Logunã é a guardiã das movimentações considerada como Tempo. Divindades intermediárias manifestadoras da Fé, Mestres, guias espirituais das mais variadas linhas e culturas, irradiados pelo primeiro sentido da vida, manifestam estas qualidades em seus trabalhos, basta que prestemos atenção.

A Divina Orixá Iansã, Trono Feminino da Lei, guardiã nos campos da Justiça Divina, conhecida como Senhora dos Ventos e das Tempestades, rege e regula os movimentos na Criação. Esta Orixá rege o tempo (climático) e é guardiã no Tempo (cronológico) de Mãe Logunã, segundo o Mestre Rubens Saraceni.

Ela, como já descrito, rege e regula os movimentos. O Senhor e a Senhora da Fé regem, regulam e guardam as movimentações (movimentação = movimento + ação). Ou seja, sua ação (movimento) que ocorre nos campos da Lei e da Justiça e é direcionadora. Mas se realiza dentro do campo maior que é o da Fé (Tempo e Espaço). Lei e Justiça, Amor, Conhecimento, Evolução e Geração da Vida ocorrem dentro dos campos da Fé. Porque ela (a Fé) é a primeira e impulsionadora manifestação de Deus para toda a Sua Criação. Move a tudo e a todos, o tempo inteiro. Não há amor, perseverança, equilíbrio, ordenação, compaixão... ou qualquer outra qualidade divina positiva, sem Fé. Mas há, sem este sentido básico, medo, ilusão, ódio, desequilíbrios, e por aí afora.

Então, é aconselhável mantermos e nos abastecermos o tempo inteiro com muita fé em nossa Origem Maior (nosso Deus Pai e Mãe), em nós mesmos e em tudo o que está à nossa volta. Pois neste tudo está o Todo, está a Origem se manifestando e nos guardando incansavelmente.

Nos trabalhos de Umbanda, todo aquele guia espiritual que se manifesta como sendo da irradiação da Fé (Pai Oxalá ou Mãe Logunã) trará em si estes aspectos divinos, sendo um outorgado manifestador dos mesmos. E é por isso que se faz necessário que nós, os umbandistas, estejamos sempre muito bem atentos para as orientações dos guias espirituais, pois eles são os mensageiros que nos trazem diretrizes e ensinamentos advindos dos Sagrados Orixás e de nosso Criador e Geradora (Pai e Mãe) Olorum.

Mas, se estamos aprendendo por intermédio da Umbanda, a nossa escola evolutiva, que os movimentos na sociedade na qual estamos inseridos e ela (a Umbanda) também está, são regidos e regulados pela Fé, devemos prosseguir com nossa dissertação, trazendo também outros sentidos capitais divinos fundamentais para os nossos movimentos sociais.

Você pode, ao ler este capítulo, questionar-se acerca de tais movimentos sociais... o que seriam? Onde ocorrem? Pois bem, a sua ida à padaria para comprar pão e leite para o café da manhã é um movimento social, porque envolve interação entre seres dentro de um contexto e promove uma movimentação, por meio da qual você adquire os alimentos necessários para sua subsistência e movimenta um mercado onde mantém girando uma máquina que gera empregos e, por consequência, sustenta outras pessoas e famílias.

Não podemos deixar nossa escola evolutiva de fora disso tudo! Mas onde entra a Umbanda nessa minha simples ida à padaria para comprar pão e leite? Está em tudo o que envolve essa movimentação. Nos atos, pensamentos, palavras e na forma como lido com pessoas e situações. Porque é nesses movimentos todos que devo aplicar, no meu dia a dia, os ensinamentos a mim trazidos pela Umbanda.

Lei e evolução: ordenação e transmutação no dia a dia

A Lei é o quinto sentido da vida, quinta linha de Umbanda. Sob a regência do Sagrado Pai Ogum, ordena toda a Criação. Por consequência, a sociedade em que vivemos e todos os seus movimentos estão sob os olhos atentos desse Divino Orixá.

Em cada movimento nosso, mesmo nos corriqueiros, como aqui exemplificado anteriormente, na nossa ida à padaria, os olhos atentos e incansáveis da Lei observam tudo, o tempo todo. Qualquer pensamento, palavra ou movimentação fica registrado em sua tela vibratória viva e divina. Pensamentos são ondas e ondas vibratórias movimentam a Criação.

O pensamento de uma divindade abrange o Todo, concomitantemente, dentro do Espaço e do Tempo e, em um movimento de retorno, os nossos pensamentos, sejam quais forem, chegam no momento em que são emitidos aos mentais divinos que regem, controlam e regulam a Vida. Assim sendo, no aspecto ordenador de nosso Criador-Geradora Olorum, a sua divindade da Lei, o Sagrado Pai Ogum, por intermédio do seu Poder, manifestado por muitos seres das mais variadas espécies na Criação, regula e mantém a ordem.

Assim não fosse, o caos tomaria conta de tudo. E, trazendo isto para a nossa sociedade, que é por onde podemos começar a compreender a Criação como um todo, a vida se tornaria inviável. Já falamos nesta obra que a Umbanda deve ser uma maquete da nossa sociedade e que devemos a partir desta linha de raciocínio construir um modelo exemplar para que assim se reproduza na nossa realidade social.

Mantendo-nos com a visão afixada no exemplo simples e corriqueiro da nossa ida à padaria (e, a partir dele, multiplicarmos o que concluímos e aprendemos para a vida como um todo), teremos chegado à conclusão de que a Divindade Regente da Lei, o Senhor Ogum, trabalha na ordenação desde a nossa saída de casa até a chegada ao local onde compraremos o pão e o leite.

Desordenado fosse este movimento, nem lá chegaríamos. Muito provavelmente, pararíamos em uma farmácia, açougue ou qualquer outro lugar, porque desordenados seriam nossos pensamentos e, por consequência, toda a nossa movimentação.

Pensamento ordenado é trabalho do amado Pai Ogum. Ele, como pensamento ordenador de Olorum, trabalha ordenando nossas ideias o tempo todo e, por consequência, nossos passos e todos os nossos movimentos. Isto é claro e se mostra o tempo inteiro, basta que sejamos, ou nos tornemos, bons observadores.

Sabedores de que a Fé e a Lei estão presentes em nossos movimentos corriqueiros o tempo todo, chegamos a um sentido da vida primal e fundamental para que tudo tenha sentido para continuar existindo e acontecendo: a Evolução.

Se não tivéssemos a Evolução como meta em nossas vidas, qual seria o objetivo de aqui estarmos vivendo? É certo que muitos a enxergam de forma limitada, trazendo-a apenas para o aspecto do progresso material. Porém, a Evolucão, que é em si e por excelência transmutadora, traz sentido para as nossas caminhadas.

Insistindo em nosso exemplo corriqueiro: se ao ir à padaria comprar pão e leite sou movimentado pela fé, desde minha saída até meu destino, e pela ordenação, dentro do mesmo trajeto, faz sentido afirmar que, nesse mesmo movimento, sou movido e animado pelo sentido da Evolução. Por que busco me alimentar? Para me manter vivo. Qual o objetivo de me manter vivo, se não o de evoluir e chegar a algum lugar? Temos foco, metas? Então, somos seres evolutivos/evolucionistas por natureza.

Pensando assim, e sabendo que a Evolucão, sexto sentido da vida, é fundamental para os movimentos da sociedade e que nesta sociedade a Umbanda se faz e se torna fundamental, (caso contrário, esta obra não teria sentido algum), podemos agora chegar à conclusão de que esta nossa Escola Evolutiva veio para nos ensinar, a partir de exemplos corriqueiros do dia a dia, como transformar a nós mesmos, o mundo em que vivemos e o Todo, que é a Criação de Olorum.

Transformar é atributo da Evolução, linha de Umbanda regida pelo Divino Orixá Obaluayê. Transformo minha vida em sociedade na minha rua, no meu bairro, cidade, estado, país... transformo a sociedade como um todo, contribuindo uma evolução sadia, tanto a minha como indivíduo quanto para a de todos. E nestes movimentos evolutivos estão presentes a ordenação da Lei e a Fé. Porque, sem ambas, a própria evolução se tornaria inviável.

Muito mais do que um mero jogo de palavras que podem, a princípio, confundir mentes, cá estamos esclarecendo a todos aqueles que aqui chegaram que as interligações dos aspectos divinos ocorrem o tempo inteiro. Porque, se são aspectos, são partes da Origem, nosso Deus, que não se esfacela, apenas se mostra em diversas formas. Mas tudo está em todos e no Todo, o tempo inteiro.

Releia estes comentários até que possa compreender a simplicidade de nosso Pai Criador e Mãe Geradora presente na nossa vida em sociedade. E, a partir do nosso corriqueiro exemplo da ida à padaria, vá aumentando sua dimensão e raio de visão e transporte-o para os grandes movimentos sociais, políticos, econômicos, esportivos, e até para as guerras e conflitos. Depois, diminua novamente seu raio de visão, trazendo tudo de volta à mera ida à padaria. E veja onde tudo começa e termina sempre.

Se nossa escola evolutiva, a Umbanda, se propõe a ser a maquete de uma vida equilibrada e ordenada em sociedade, usemos dos seus ensinamentos no dia a dia, trazendo para fora do terreiro a Fé, a Lei e a Evolução. Assim, nós nos movimentaremos em sociedade, a partir da nossa rua, de modo sadio e, em um crescimento constante, veremos nossa sociedade mudando, e teremos contribuído, de fato, para uma verdadeira revolução de mentes e corações.

Este, com certeza, é o desejo de Deus, dos Orixás Sagrados, dos nossos mestres amados e guias espirituais de Umbanda. E assim se fará e concretizará quando nós, os umbandistas, absorvermos estes sentidos, promovendo, de fato e com vontade, uma reforma íntima que tire do papel tudo o que aprendemos e traga para as nossas consciências, reproduzindo-se a partir delas, na nossa vida social.

A Fé (Espaço e Tempo), a Lei e a Evolução nos propiciam a construção de uma vida em sociedade sadia, e a concretização disso tudo só depende de nós mesmos.

Guerra e Paz: a Umbanda Torna-se Fundamental no Reequilíbrio Social

Dois irmãos, ainda na infância, discordam durante uma aparente e simples brincadeira. Na verdade, estão jogando e, para cada um deles, a vitória é mais do que necessária, torna-se uma obrigação. Tudo porque, além de seus egos inflarem e aflorarem em si sentimentos que estão entranhados em seus espíritos, têm ao seu redor o estímulo da competição, em que aprendem e se sentem obrigados a sempre superar ao outro. Ou você é um vencedor ou é um derrotado!

Isto faz com que muitos, inúmeras vezes, acabem promovendo um "suicídio moral" e, por consequência, fechando em suas vidas portas para oportunidades que deveriam surgir e fariam aflorar do íntimo para o exterior aptidões das quais, outrora, não se apercebiam. Desestimulados, acabam se anulando como seres, como inteligências e como consciências, até mesmo desconhecendo suas próprias capacidades. O derrotado sucumbe, e como um "fracasso vivo" é visto por toda a sociedade.

Os "derrotados" passam a caminhar artificialmente ou, como se diz popularmente "no automático". Tornam-se servidores dos mais espertos que os exploram e usam da sua força e capacidade para galgarem degraus na sociedade, adquirindo dinheiro e poder. Pode parecer um discurso político... e realmente o é. Se você compreendeu a colocação do amado Mestre Gehusyoh na apresentação desta obra, conseguiu captar que, quando falamos aqui em política, estamos falando de um movimento entre os espíritos humanos (encarnados e desencarnados) em que o crescimento individual e coletivo é visado o tempo inteiro. Portanto, nada tem a ver com a política partidária tradicional que conhecemos neste nosso mundo manifestado.

Fazer política é negociar no meio social o crescimento do Todo e dos indivíduos, não abrindo mão da ética; é promover tal progresso sem deixar ninguém para trás, sem usar quem quer que seja como degrau para propósitos mesquinhos. Portanto, movimentar-se politicamente é movimentar a sociedade. E alguém dirá: "Agora, só falta ele dizer que a Umbanda é um movimento político!".

Bem, suponhamos que você procure um templo umbandista a fim de pedir socorro em alguma questão espiritual que o esteja afligindo ou à sua família. Ao lá chegar, encontra-se com um guia espiritual. Vamos exemplificar aqui, com um Senhor Exu, de qualquer linha de trabalhos da esquerda em nossa religião. Você explana para que ele pacientemente escute o seu problema. Então, com toda uma egrégora que com ele trabalha e você não enxerga, começa a buscar uma solução para a sua questão, dentro da sua necessidade e do seu grau de merecimento.

Pois, saiba, esse Senhor Exu e seus assessores trabalharão negociando com outros espíritos a solução do seu problema. Se você não é médium de incorporação, ele, provavelmente, estará ao lado do seu guardião de esquerda, trabalhando para auxiliá-lo. Todo este movimento, que requer muitos diálogos e negociações, é, de fato, uma movimentação política. Sem bandeiraços, panfletagens e campanhas como aqui conhecemos.

Nessa movimentação política, o guia espiritual negociou a solução para o seu problema e a trouxe para você conforme se fez necessário naquele momento. Esta ação aqui exemplificada, na prática e na vida cotidiana, pode se dar de inúmeras formas, afinal cada guia espiritual tem um método e uma forma de trabalho. Além disso, também se adaptam às condições do momento e às suas necessidades e merecimento.

Agora, pergunto, esta foi ou não uma movimentação política a partir de um trabalho religioso e espiritual em um templo umbandista? Sim, realmente foi! E nos mostra que a movimentação política dentro do trabalho umbandista está calcada nos ditames da Lei de Deus e tem como base, o tempo todo, a ética. Portanto, separemos o joio do trigo nas nossas interpretações.

Voltemos ao exemplo dos pequenos irmãos que disputam entre si a primazia de algo que nem sabem direito o que é. Não sabem, mas sentem aflorar em seus íntimos uma necessidade de superação, de colocar-se acima do outro, de provocar no outro sentimento de derrota e inferioridade. Assim, sua satisfação aumenta, seu ego infla e ele pode se autonomear "*o vencedor*"!

Vemos em um pequeno movimento rotineiro um dos maiores tumores do nosso meio social: a guerra! As guerras nunca foram nada além do que realmente são: movimentos autodestrutivos. Sim, autodestutivos! Porque, soubessem os seres que são movidos por este instinto ignorante de que cada vida eliminada em uma guerra destrói a sua própria, com certeza as mesmas já não aconteceriam mais há muito tempo.

Nessa pequena guerra, ainda no seio familiar, nasce algo que movimentará, em alguns casos, a vida de muitos: a rivalidade. E ela se manifestará nos gostos pessoais, esportivos ou em qualquer outro ramo da diversão em nossa sociedade. A competição se torna o primeiro passo para as grandes guerras que assolam o mundo.

Competições ocorrem em família, na escola, no trabalho, estimuladas, muitas vezes, por patrões, chefes, professores e, em alguns casos, até mesmo pelos pais. Patrões e chefes as estimulam em nome da produtividade e do lucro; pais, quando o fazem, para ver seus filhos crescerem, especialmente no campo profissional, e alcançarem, em muitos casos, metas e objetivos por eles não alcançados. Têm neste movimento uma forma de aplacarem suas frustrações.

Quando estas competições são estimuladas na escola, por professores, assim ocorrem porque nosso modelo de educação é competitivo e visa preparar os novos cidadãos para o mercado, para a sociedade onde a superação é a única opção de sucesso. Conseguissem os seres enxergar o sucesso a partir da plenitude espiritual, com certeza nosso mundo material já teria galgado centenas, milhares talvez, de degraus evolutivos.

O indivíduo é estimulado e tem em si, o tempo inteiro, o individualismo latejando e gerando sementes daninhas para um convívio social digno, produtivo e calcado nos valores do Amor Divino, da compaixão, da fraternidade. É certo que a individualidade possui seu valor e seu espaço deve ser respeitado sempre e o tempo todo.

Mas, de forma alguma, deve crescer a ponto de se expandir e tornar (ilusoriamente) o indivíduo uma "montanha" de valores. Pois é exatamente quando este movimento acontece que o ser começa a olhar tudo a partir de uma suposta superioridade, surgindo assim os julgamentos, os preconceitos. Então, outros seres humanos, buscando alcançar tal "graduação", não medirão esforços para chegar ao topo. E puxarão tapetes, passarão rasteiras em quem necessitar e sempre que necessário.

Disserto desta forma, para que possamos perceber claramente que tudo começa no micro e vai ampliando-se até se manifestar no macro. Portanto, criticar e julgar as guerras entre nações ao longo da história sem avaliar suas sementes no dia a dia da sociedade, até mesmo em família, é, de fato, um movimento inútil.

A família é o núcleo, o cerne, o útero da nossa sociedade. Tudo começa neste núcleo e vai se reproduzindo lá fora. Valores são passados e vividos em família, cristalizados na escola, no trabalho, na faculdade, nos grupos sociais em geral e tornam-se "leis" intransponíveis que, jamais, devem ser questionadas. São, em verdade, os *"dogmas sociais"*.

O dogma social

O dogma é o que é, porque assim o é e nunca mudará. Porque, de fato, ele protege, defende e garante interesses de determinados grupos que necessitam manter-se no controle de uma situação ou de situações. Usando como exemplo a família, útero da nossa sociedade: um pai simplesmente impõe as regras naquela casa com base no fato de que é o mantenedor financeiro e, por consequência, moral daquele grupo familiar. Então, suas decisões, ideias e tudo o que por ele for colocado não podem nem devem ser questionados.

Ora, convenhamos, tolher o questionamento em um grupo social, mesmo em família, é matar o pensamento do indivíduo humano. E isto, se não é considerado crime na nossa lei, entre os encarnados, talvez seja, ao menos, um ato de extrema ignorância perante a Lei Divina. Na minha modesta opinião, qualquer ato que corte liberdade, possibilidade de manifestação ou pensamento de quem quer que seja é, ao menos, uma falha muito grave!

Este pai cria em seu núcleo, em sua casa, dogmas familiares que se cristalizam e acabam norteando tudo e todos no dia a dia, naquele ambiente. E, se assim ocorre em família, rapidamente esses dogmas saem porta afora, fortalecem-se e se reproduzem na sociedade, simplesmente porque são levados ao mundo lá fora pelos integrantes do núcleo familiar.

E assim se criam os dogmas sociais, controladores e mantenedores de pensamentos e atitudes. Você já parou para pensar que modas e modismos são veículos mantenedores desses dogmas? Já parou para pensar que se criam antidogmas, ou seja, aqueles que vêm para combater os dogmas estabelecidos, mas que, em verdade, cumprem a mesma função daqueles que contestam?

Ou seja, tudo se repete o tempo todo e nada muda! Não atentam os seres, anestesiados pela ilusão da matéria, que os valores morais seriam, de fato, autênticos, se calcados e baseados no Amor Divino, na fraternidade, na solidariedade. E todos, respeitando o espaço do outro, poderiam caminhar, evoluir, progredir espiritual, material e moralmente, sem almejar qualquer espaço que não seja o seu próprio.

Cada um com seu quinhão na sociedade e na Criação!

Os dogmas não permitem questionamentos, sejam eles familiares, sociais ou religiosos. Eis, então, a grande questão! Como tudo isso é visto na Umbanda e como nossa escola evolutiva lida com estas questões?

Dizem-nos os mestres da Evolução e os guias espirituais que nos orientam que a Umbanda, nossa escola evolutiva, filosófica, religiosa, moral e social, não carrega em seu bojo, não abarca em seu seio, qualquer espécie de dogmatismo. Caso contrário, não seria o que é, não carregaria em si todos os predicados descritos anteriormente.

A Umbanda foi formatada justamente como um movimento questionador, que deve levar o ser ao pensamento o tempo todo, buscando a expansão do conhecimento e tendo como meta a aquisição constante, incansável e infinita da Sabedoria. E, se percebermos o que ocorre em seus templos, veremos esta movimentação promovida pelos guias espirituais o tempo inteiro e nem sempre bem compreendida por nós, os trabalhadores encarnados.

Portanto, não devemos carregar, minar, contaminar a Umbanda com dogmatismos de qualquer espécie. Até mesmo porque, naturalmente, o dogma é contrário à Umbanda. Em um capítulo em que falamos de guerra e paz, damos destaque a este aspecto moral da nossa sociedade, a fim de destacarmos, justamente, uma das sementes da discórdia.

Vivêssemos em uma sociedade livre, na qual o respeito regesse e direcionasse todos os nossos movimentos, com certeza não teríamos a discórdia e as guerras não fariam sentido algum. Mas somos seres em evolução e tudo deve fazer parte do aprendizado constante.

A Umbanda sempre permitirá aos seus adeptos e filhos de fé o questionamento. O pensamento deve ser estimulado o tempo todo. Se devemos levar (parafraseando nosso hino) ao mundo inteiro a bandeira de Oxalá, sabemos que levaremos a paz, nunca a discórdia. Não deve nossa escola evolutiva promover competições internas entre seus médiuns e frequentadores.

Disseminar em seu seio o amor e a fraternidade é dever de todos aqueles que compõem um núcleo, uma família umbandista. Afinal, já sabemos que a Umbanda deve ser a maquete de uma sociedade ideal, pacífica e igualitária. Sendo assim, a paz deve reinar o tempo inteiro. E para que a paz reine, o respeito e a compreensão devem imperar entre todos.

A Umbanda e o reequilíbrio social

A harmonia é um fator fundamental para que vivamos de forma ordenada e equilibrada em sociedade. Iniciando, sempre, pelo núcleo familiar, já podemos perceber que, em desarmonia, tudo fica mais difícil e, não tão raro, o caos acaba se estabelecendo no ambiente. Na sociedade, ocorre da mesma forma, em maior proporção.

Portanto, um templo sagrado do conhecimento umbandista deve em seu dia a dia promover, propagar e manter a harmonia. Se assim fizer, terá em seus trabalhos equilíbrio e ordenação. Caso aquele templo umbandista passe a ser habitado pela desarmonia, como ocorrerão os trabalhos? E que tipo de maquete ele se mostrará para a sociedade ao seu redor?

A Umbanda é um movimento evolutivo, social, a partir da Fé, primeiro sentido da Vida, que tem também como função reequilibrar a vida em nosso meio social. Para que isto aconteça, os dois lados onde ocorrem seus trabalhos (espiritual e material) devem estar perfeitamente harmonizados. De nada adianta os guias espirituais labutarem, trazerem possibilidades de crescimento e evolução se nós, os trabalhadores (e aprendizes) encarnados nos mantemos agarrados a valores mesquinhos e sustentados pelo ego e pela ilusão.

Desta forma, nunca a Umbanda catapultará, de fato, como um movimento social reequilibrador do nosso meio. E prosseguirá atuando como um pronto-socorro espiritual para situações emergenciais quando é, em si e de fato (fazendo uma alusão salutar e compreensível), um enorme e moderníssimo complexo de saúde, contendo faculdade, modernos laboratórios, equipamentos de última geração, mas seus trabalhadores (os encarnados) insistem em se acotovelar na enfermaria, disputando uma vaga de "carregador de macas".

Claro que esta função, em um complexo de saúde, tem muito valor, sem qualquer sombra de dúvida! Mas, no "complexo de saúde umbandista", exige-se que até mesmo este trabalhador tenha conhecimento, pense por si mesmo e seja questionador. E, também, poucas são as vagas para esta função; há muitas outras a serem cumpridas e que não estão preenchidas neste momento.

A Umbanda deve trabalhar pelo reequilíbrio social, a partir do conhecimento e da conscientização. Livre de dogmas e trazendo sempre a luz da verdade aos seres, sem mitos, pois a realidade pode ser dura, muitas vezes, mas é sempre a realidade. Quando o trabalho ocorre desta forma, temos o primeiro passo para o estabelecimento da harmonia e, por consequência, da paz no seio umbandista.

Em se tratando de uma maquete social, todo aquele ser que aprender a promover e a conviver com a paz em seu núcleo, que é também uma escola evolutiva, a levará para o mundo lá fora. E, então, a maquete funcionará, de fato, gerando frutos benéficos para o mundo material.

Adentrar um templo sagrado do conhecimento umbandista dever ser visto como um ato sagrado. Cada passo, cada movimento, deve conter em si fé, amor, respeito e reverência. Assim, ao sair do templo, deve o umbandista carregar estas qualidades em seu íntimo, levando-as para o mundo exterior e praticando a Umbanda 24 horas por dia na sua vida, fora do templo.

Cabe sempre aos dirigentes dos trabalhos nos templos controlar, fiscalizar, cada passo e cada palavra proferida pelos trabalhadores, sempre de forma harmônica e nunca impositiva ou arrogante, mas severa quando necessário e amorosa em tantas outras situações. Enfim, devem os dirigentes umbandistas trabalhar pela harmonia, sempre conscientes de que a paz promovida em seus templos será a paz propagada no mundo exterior.

As guerras na visão umbandista

Já sabemos que as guerras entre grupos ou entre nações nascem, invariavelmente, em nossos núcleos familiares, reproduzem-se na escola e em todos os ambientes sociais onde somos estimulados, o tempo inteiro, a competir e vencer.

A vitória leva à plenitude e a derrota leva ao fracasso! Mais do que isto, até determinam de algum modo a caminhada dos seres. O vencedor é um herói, enquanto o derrotado tende a viver o resto dos seus dias na matéria como um fracassado, um qualquer.

Temos aí, a partir da discórdia, nossa própria sociedade incentivando, estimulando e criando as grandes guerras, que podem se dar não somente entre nações, tendo nestas uma projeção macro, mas, bem comum nos dias atuais, entre facções criminosas ou grupos religiosos, inclusive!

O estímulo à intolerância religiosa, tendo em seu cerne a apropriação indébita de Deus, por um acaso, não é uma espécie de guerra, por meio da qual um grupo de seres pretende impor a sua fé a outro grupo? Volte ao momento deste capítulo em que exemplificamos uma situação familiar como início da dogmatização.

Pois, não é também no seio familiar que nascem todos os conceitos preconcebidos e cristalizados de uma religiosidade "sadia"? Determina-se que tal modo de se reverenciar e amar a Deus é correto em detrimento de qualquer outro e tudo fica definido??? Ou seja, se uma pessoa quiser cultuar, amar, reverenciar Deus a partir de um poste, ela será criticada, julgada e apedrejada.

Os mestres da Evolução e guias espirituais de Umbanda que nos orientam, eles nos mostram que na visão umbandista a chave para todas as discórdias, do micro ao macro, está no desrespeito, ou na falta, na ausência de respeito. Ainda se mostra latente no ser humano em evolução a necessidade de superar, de ser superior, de dominar e controlar o outro.

Por isso, na visão umbandista só cabe a compreensão de que devemos estender a mão aos nossos irmãos sempre com respeito, sabendo que a liberdade individual e o livre-arbítrio o conduzirão. Assim, teremos e veremos que, o tempo todo, as pessoas estão em evolução em seu convívio social e na Criação. E que algo que não é desejado hoje por determinada pessoa pode ser amanhã, ou vice-versa.

Espíritos humanos que se envolvem em guerras, sejam elas militares entre nações, entre grupos ou facções criminosas, entre grupos familiares ou qualquer outro tipo de discórdia que passe a mover suas vidas, invariavelmente, ao desencarnarem, ficam presos a cadeias e prisões conscienciais que atuam como amarras intransponíveis, até que superem estas vibrações mentais e voltem-se para o Amor Divino, a compaixão, a Fé sadia e a fraternidade.

Em livro de nossa autoria *A Sete Palmos – Uma Viagem à Prisão das Consciências*, publicado pela Madras Editora, o Senhor Exu Caveira nos mostra algumas histórias de espíritos que ficam presos ao caixão e às suas formas na matéria, por conta de negativações ocorridas ao longo das encarnações em, ao menos, um dos sete sentidos da vida.

Nessa obra, pode-se perceber o trabalho incansável deste Senhor Guardião e de outros(as) para dirimir, ao menos, os males causados pelos seres a eles mesmos e por eles próprios. Eis, nessas histórias, uma pequena e breve demonstração, a partir de trabalhadores espirituais que se manifestam na Umbanda, da luta constante e incessante deles em contribuir para a nossa evolução, labutando pelo fim das nossas mazelas.

Esse livro exemplifica e mostra apenas um aspecto, ou, melhor dizendo, um mistério servidor da Lei Maior e que está sob regência do Divino Senhor Omolu, para trabalhar na reforma consciencial de espíritos desequilibrados.

Este é um trabalho incansável da Umbanda, dos Sagrados Orixás, dos guias espirituais. Há tantos outros mistérios reformadores conscienciais, do lado de lá da vida, aguardando por seres desequilibrados nos mais variados aspectos. Cada um desses mistérios tem uma atuação específica e cumpre suas funções na Criação.

Há um mistério específico, ordenador e equilibrador, sob regência do Divino Senhor Ogum e guarda da Senhora Iansã das Espadas e que recebe, trabalha e reforma as consciências de todos aqueles que promoveram ou se envolveram em guerras, discórdias. Este mistério pode ser apresentado a nós, aqui no mundo material, como Mistério Ordenador e Redirecionador do Caos.

Nele, os seres são encaminhados a domínios bem específicos, onde, contidos por algemas, grilhões e grades, reformam-se, purificam-se, pelo aspecto negativo que mais usaram movidos por seus instintos ignorantes na matéria: a liberdade tolhida e limitada.

Pode parecer para alguns que estamos aqui, nesta obra, mostrando aspectos negativos, punidores, que estamos mostrando a Umbanda como um movimento ou religião castigadora. Mas não é nada disso! Primeiramente, porque esses mistérios aqui citados não pertencem à Umbanda. À nossa escola evolutiva cabe, tão somente, trabalhar na conscientização dos seres em evolução, exatamente para que ascendam e não necessitem de purificação nas faixas vibratórias conscienciais mais densas.

Por isso, podemos concluir que a Umbanda vê as guerras como a expansão e a explosão de um movimento de discórida que nasce pequeno, em nosso dia a dia, seja na família, na escola, no trabalho ou até mesmo no ambiente religioso. E vai crescendo e tomando proporções inimagináveis em um primeiro momento. E leva o seres, muitas vezes, a consequências funestas, em que a liberdade é tolhida e o retorno à mesma passa a custar muito caro ao ser.

Mas, se na visão da Umbanda as guerras nascem no nosso dia a dia, então, cabe a nós, os umbandistas, iniciar, a partir de agora, uma movimentação para que não mais ocorram tais situações. E, se não poderemos acabar ou diminuir, ao menos, as guerras já existentes em nosso mundo, estaremos evitando que novas aconteçam. E esta será uma grande contribuição da Umbanda e dos umbandistas para a nossa sociedade!

A Umbanda será nossa ferramenta na construção da paz mundial.

A Umbanda e o Carma

Muitas vezes falamos sobre carmas coletivos, especialmente quando ocorrem acidentes ou catástrofes de grandes proporções. E, ao analisarmos os efeitos, buscamos as causas, porém é sempre muito difícil chegar-se a um denominador comum. Se não somos unânimes na solução destas questões, somos por demais diversos e divergentes. Cada um, ao seu modo, vê tais causas por intermédio de ângulos variados e, em alguns casos, bem particulares.

Vamos, neste capítulo, analisar brevemente como se dá e se apresenta o carma, seja ele individual, coletivo ou social. O que é o carma individual? Como eu o adquiro? Como isto se reflete na coletividade e no meio social?

Precisamos analisar o desenrolar da história da humanidade neste mundo em que vivemos, para que possamos chegar a alguma conclusão que nos permita dar alguns passos à frente, ao menos na compreensão dos carmas sociais que assolam as comunidades humanas no meio encarnado. Estas comunidades, que são fruto de uma teia cármica já constituída, acabam aprofundando o desenrolar desta teia no tempo, a fim de "ajustar as pontas" entre os personagens envolvidos.

"Ajustar as pontas", eis a chave mestra ou a resposta para aqueles que ainda não possuem a compreensão do que é o carma. Tentando traduzir seu significado de forma bem simples e pouco acadêmica: o carma nada mais é do que um instrumento da Lei Maior para o ajuste de pontas e contas entre vidas humanas.

Cabe dizer que nós, os humanos, desde que passamos a caminhar como seres em evolução, por onde passamos, plantamos sementes, ora positivas, ora nocivas. E toda semente plantada se enraiza naquele local. Quando positiva, passa a gerar frutos benéficos que podem ultrapassar os séculos trazendo coisas boas àquela comunidade. Quando negativa, a semente passa, de forma daninha, a minar tudo e todos naquele meio.

Então, podemos afirmar e confirmar que tudo o que plantamos, colhemos em algum momento, em algum lugar, no espaço e no tempo.

Carma, Sociedade, Lei, Espaço, Tempo... qual a interligação entre tudo isso?

No Espaço e no Tempo está contido tudo o que foi criado e exteriorizado por Deus. Assim nos ensina a Umbanda, por intermédio das obras escritas pelo Sacerdote Rubens Saraceni e publicadas pela Madras Editora. E para que possamos entender melhor, usemos os nomes dos Sagrados Orixás, por nós cultuados: o estado do Espaço Absoluto é regido pelo Orixá Oxalá, enquanto o estado do Tempo (falamos de cronologia) é regido pela Orixá Logunã. O sentido da Lei Maior é regido pelo Orixá Ogum, tendo no carma o recurso desta Lei para o ajuste, ordenando e equilibrando a partir de suas ações corretoras, a convivência dos seres em sociedade.

Espero que, assim, se torne fácil a compreensão do que buscamos mostrar nesta obra. O carma social reúne em si uma série de sementes negativas plantadas por um agrupamento de seres que, interligados e realizando ações ignorantes e egoístas, criaram a necessidade de uma correção da Lei no Tempo que se dá no momento em que, em algum ponto no Espaço Absoluto, se reencontram a fim de reajustarem-se entre si, consigo mesmos e com a Lei de Deus.

Mas não deveria um grupo de pessoas que desequilibrou o meio em que vivia, por exemplo, na Grécia Antiga, reencontrar-se no mesmo local para este ajuste cármico? De pronto, respondo: não exatamente! As condições da Lei Maior vão muito além da nossa parca compreensão. Ainda que, lá na Grécia, tenha ficado plantada esta semente coletiva nociva, não necessariamente o ajuste dessas pontas e contas se dará no mesmo local no Espaço.

Porque, se o Espaço é Absoluto, é, em si, uma coisa só. Pergunto: se você teve um desentendimento com um familiar seu em um determinado cômodo da sua casa, só poderá fazer as pazes com o mesmo nesse mesmo cômodo? Se houve um desentendimento na sala de jantar, não terá valor um acerto ou ajuste na cozinha? Afinal, tudo ocorreu dentro da mesma casa, não é mesmo?

Pois, para a Lei Maior, a Criação Divina é o nosso grande lar. Somos todos beneficiários deste lar e por ele devemos zelar como nossa morada divina.

Desmistificando a Lei do Carma

Muitas pessoas (umbandistas, inclusive) resistem e relutam em falar ou, até mesmo, aceitar o Carma como um recurso da Lei Maior necessário no processo evolutivo humano. Preferem não tocar no assunto e, em alguns casos, até mesmo maquiar este aspecto importante na existência dos seres.

Então, apregoam que isso não deve ser falado, porque devemos pensar e agir positivamente. Tratam o "tal" carma como algo muito ruim! E tudo isto se baseia no já mofado conceito de "bem e mal". Nós preferimos trocar este conceito arcaico por equilíbrio e desequilíbrio, ou ajuste e desajuste, na Criação e na vida dos seres.

Pensando assim, podemos concluir que o carma nada mais é do que uma benesse, uma bênção divina, que nos permite voltar ao ponto onde falhamos sem voltarmos no tempo, ajustando e desentortando o que por nós mesmos foi desajustado e entortado, outrora. Sabedores disso, poderemos concluir que o carma promove reencontros entre pessoas que se desajustaram, revivendo situações e dando aos seres um divino presente que é a oportunidade de refazer o que foi feito, corrigindo o que foi colocado e cristalizado de forma equivocada.

Perceba você, caro leitor, como esta interpretação aqui descrita traz um ar muito mais suave para algo que sempre nos foi colocado por religiões e líderes das mesmas como algo pesado, como um "mal necessário". Ora, Deus Pai Criador e Mãe Geradora não nos daria, em hipótese alguma, um peso morto para carregarmos nas costas.

O que Ele/Ela faz, simplesmente, é criar novas oportunidades para que nos aperfeiçoemos, transmutemo-nos, transformemo-nos, acelerando nossa caminhada evolutiva e adquirindo bagagem e condições de nos tornarmos, de fato, manifestadores naturais do Seu Poder Original.

Carma individual

Se conseguimos compreender, a partir da dissertação que introduz este capítulo, o carma como um recurso da Lei Maior fundamental no crescimento evolutivo para ajuste e aperfeiçoamento de todos em tudo e no Todo tornará mais fácil, então, a compreensão acerca do que podemos denominar carma individual.

Todos os seres humanizados, durante suas jornadas reencarnatórias, passam por altos e baixos, momentos de queda consciencial e de elevação, bebendo da água pura à ferruginosa, experimentando a chama abrasadora equilibradora da vida e a consumidora dos seus negativismos, quando necessário. Tudo isso ocorre dentro de um processo natural, pensado pelo Poder Original da Criação para a evolução daqueles que se humanizam.

Humanizar-se, sabemos, é absorver em seus chacras, campos e corpos as sete essências primais da criação (cristalina, mineral, vegetal, ígnea, eólica, telúrica e aquática), desenvolvê-las e manifestá-las a partir dos sete princípios divinos (fé, amor, conhecimento, justiça, lei, evolução e geração). A encarnação promove esta humanização, tornando os seres espíritos sétuplos. E é a partir daí que uma jornada evolutiva acelerada e aceleradora tem início.

Entre encarnações e experiências vividas no lado espiritual da dimensão humana, os espíritos humanizados podem transmutar-se, aperfeiçoar-se, trazendo para si e para o Todo experiências que podem e devem dar um rumo evolutivo satisfatório aos olhos de nosso Pai/Mãe Criador e Geradora. E quando isso não acontece da forma esperada? Então, com pontas e contas desajustadas, deve o ser passar por uma nova oportunidade ou mais, a fim de ajustar, desentortar o que foi entortado.

Usemos uma metáfora do dia a dia: quando um ser absorve uma dívida financeira em sua vida aqui na matéria, deve cumpri-la e honrá-la. Se não consegue ou negligencia, acaba adiando este acerto para mais tarde, normalmente pagando com juros e alguma correção monetária. Por um acaso, ao menos em nossa sociedade brasileira, este devedor é considerado um criminoso? Sabemos que não!

Sabedores disso, podemos agora fazer uma relação direta dessa conta não paga com uma "conta" não acertada no momento correto, durante a caminhada do ser no ciclo reencarnatório. Esse ser deverá, logo mais à frente, acertar essa conta. E isso não faz dele um criminoso!

Esta conta por nós aqui exemplificada é, de fato, o carma individual adquirido pelo ser humano em sua caminhada. Apenas isso! É mais simples do que nos mostram, muitas vezes! Portanto, o acerto de um carma individual, se encarado como algo benéfico, benéfico será. E, assim, poderão os seres humanos caminhar sem sofrimentos e tirando de todas as suas experiências os aprendizados nelas contidos.

Toda experiência (positiva ou negativa) nos traz aprendizados. Por isso, devemos procurar, a partir dos ensinamentos que a Umbanda nos traz, plantar sementes positivas, pois assim as colheremos. Não seria este, então, um "carma positivo" ou benéfico a nós e ao todo ao nosso redor, à nossa sociedade? Reflitamos! E usemos as experiências na carne para nosso aperfeiçoamento e aquisição de sabedoria.

Carma coletivo e carma social

Se, no tópico anterior, pudemos entender que toda a semente plantada nos trará frutos, devemos, a partir de agora, abrir nosso campo de visão. Toda ação individual refletirá, de alguma forma, no coletivo, em um grupo social e, por consequência, na sociedade como um todo.

Partindo desta ideia, já sabemos que um carma individual é resultado de uma ação negativa que gerará a necessidade de reajuste para aquele indivíduo, mas, também, para seu entorno. Então, vemos a partir deste raciocínio que o carma individual se reflete, de algum modo, naquele grupo social do qual o ser em questão faz parte.

Vamos a um exemplo: em um determinado bairro, um homem começa a gerar problemas, quando cria uma forma ilegal de acesso a bens comuns (eletricidade, internet, TV a cabo). Começa a burlar a lei estabelecida na nossa sociedade e, sabemos, não há quem siga corretamente nos parâmetros da Lei Divina se não o fizer a partir da lei humana. Esse homem vende serviços ilegais, burla a lei, trazendo a tentação da facilidade e do bom preço aos moradores daquela região em uma determinada realidade urbana, desequilibrando (mesmo que muitos não percebam) energética e espiritualmente aquele grupo social.

Está, de algum modo, aquele ser que promove essa desordem social naquele bairro, adquirindo e absorvendo uma conta a ser paga não somente com a lei humana, mas também com a Lei Divina, que, em hipótese alguma, admite desvios de conduta em qualquer realidade da Criação.

Porém, esse homem que absorve para si uma conta individual (carma individual) tem em seu projeto equivocado auxílio e sustentação de todos aqueles que compram os serviços por ele oferecidos. Portanto, cada um dos que usufruem daquelas irregularidades também está abrindo para si uma conta a ser paga.

Então, um carma individual quase imperceptível aos olhos humanos na carne abre uma conta coletiva (carma coletivo) naquela comunidade. Pare, observe e perceba que tipo de energia paira sobre os locais onde irregularidades como essas ou tantas outras acabam se estabelecendo como regras e leis inversas. Não há lei paralela em nossa sociedade humana, tampouco na Criação.

Vimos, por intermédio deste rápido exemplo, como uma conta individual se expande rapidamente e um carma individual gerado pela ganância pode, como um vírus, espalhar-se abrindo feridas em um determinado grupo social ou comunidade. Porém, e o carma social?

No início deste capítulo, exemplificamos mostrando que um carma gerado por um grupo social ou dentro desse grupo, em determinado ponto da nossa realidade material, poderá ser ajustado mais à frente, em outro ponto. Usamos o exemplo da Grécia Antiga. Vamos minuciar, a partir daqui...

Se em uma determinada comunidade, em qualquer lugar deste mundo, há alguns séculos, um determinado grupo de pessoas usou de poder ou influência para subjugar ou tirar vantagens de outros menos favorecidos, saiba, criou-se, a partir dali, um carma social. Os promotores dessa ação abrem para si uma dívida que, por não ter sido gerada por apenas uma pessoa, tendo "atores passivos" (como no exemplo anterior), inevitavelmente se estabelecerá no Espaço e no Tempo e será executada pela Lei no momento e no local adequados.

Portanto, se um determinado grupo explorou, subjugou determinada comunidade, como no exemplo citado, na Grécia Antiga, logo mais à frente, no Espaço e no Tempo determinados pela Lei, todos se reencontrarão, a fim de refazerem seus equívocos, reequilibrando a ação que se reflete ainda na linha do tempo como um desequilíbrio na Criação. Envolvidos neste acerto de contas estarão todos aqueles promotores e sustentadores dos desequilíbrios. A partir deste raciocínio, considero prudente que reflitamos melhor acerca da nossa participação social.

Tudo isso pode parecer confuso para alguns, mas proponho que, agora, respirem fundo aqueles que ainda não compreenderam bem nosso raciocínio; olhem para os movimentos da nossa sociedade brasileira, ao longo da sua recente história. Depois, olhem para as coisas que vêm acontecendo no seu estado, na sua cidade, no seu bairro, na sua rua e na sua família, em sua casa.

Façam correlações, raciocinem, coloquem-se em situações, retirem-se delas. Analisem, estudem e percebam. E verá que tudo o que aqui foi descrito está bem fundamentado nos ensinamentos a nós trazidos pelos Mestres da Evolução e guias espirituais de Umbanda.

Estamos, hoje, vivendo em nossa sociedade um reflexo cármico social? Ou estamos, com tudo o que está acontecendo neste início do século XXI, criando novos carmas individuais, coletivos e sociais? Arrisco afirmar que a Lei do Carma vem se refletindo finalmente em nossa sociedade, desmascarando-a e, por consequência, a todos nós.

Recapitulando:

Carma Individual: desequilíbrio gerado por um indivíduo para si e, por consequência, para o seu entorno.

Carma Coletivo: desequilíbrio gerado por um ou mais indivíduos e sustentados por determinada comunidade.

Carma Social: desequilíbrio gerado e promovido por uma elite que insiste em explorar e subjugar um grupo social que, por consequência, em uma roda-viva, vive e se mantém como sustentador delas.

Mas e as catástrofes e tragédias encaixam-se em qual dessas classificações? Uma reflexão profunda nos mostrará que cada uma delas traz por consequência a outra. O individual se reflete no coletivo, que rapidamente se espalha pela sociedade. Entendemos que as grandes tragédias trazem um ajuste de contas e pontas coletivo, a fim de reequilibrar um determinado meio.

Mas há muito mais razões para as ações da Lei Maior do que as ideias colocadas neste capítulo. Nosso intuito, aqui, é gerar reflexão, mesmo que nasçam ideias polêmicas e contrárias à nossa. Mais importante é que os seres se aprofundem, voltem-se para seus interiores e busquem respostas.

A Umbanda e o carma

Como nós, umbandistas, lidamos com o carma? Como nossa escola evolutiva, filosófica, social e religiosa vê esse aspecto da vida humana?

Infelizmente, ainda há no meio umbandista, em alguns setores, conceitos e definições equivocados acerca deste tema. Ainda encaram o carma como punição. Precisamos, de uma vez por todas, compreender que a Lei de Deus não pune, apenas se autoexecuta o tempo inteiro.

Aquele que anda na linha reta da Lei nada tem a temer. Aquele que foge dessa linha colhe os frutos de tal fuga, correto? Imagine um trem. Enquanto ele percorre a linha férrea que traça seu percurso, tudo corre da forma que deve. Quando, por alguma falha do maquinista, ele desencarrilha e sai da linha, podemos culpar a linha por isso? Claro que não!

Assim devemos encarar a Lei Divina. Portanto, o carma nada mais é do que um ajuste de pontas e contas, que se aplica a todos os seres humanos, umbandistas ou não.

Nossa amada Umbanda vê no carma uma oportunidade ímpar para reajuste, aperfeiçoamento e aprendizado. E assim devem visualizar e pensar os umbandistas. Não devem mais, como em alguns casos específicos, transformar este tema em um tabu, encapando-o ou evitando-o.

O carma faz parte do processo evolutivo, da vida humana, coletiva e social. Devemos encará-lo como fruto colhido, reajustador e aperfeiçoador. E passemos a enxergar todos esses frutos, quando positivos, como carmas positivos colhidos após a plantação de sementes positivas; quando negativos, como reajustadores e reequilibradores da vida e do meio em que vivemos.

Assim, poderemos viver em paz, harmonia, buscando sempre o equilíbrio e a estabilidade, fundamentais para nosso aperfeiçoamento e evolução.

As contas a serem pagas e ajustadas, sejam individuais, coletivas ou sociais, nascem durante nossas ações em nossas jornadas evolutivas, em nosso ciclo reencarnatório. Então, para que possamos concluir este capítulo: somos responsáveis pelos nossos atos, que se refletem, logo mais à frente, para nós mesmos e para o todo ao nosso redor, que é a coletividade, e para o meio social.

A Umbanda propõe que os carmas sejam ajustados com harmonia e equilíbrio, a partir do conhecimento, especialmente do autoconhecimento. Todos estes ingredientes levarão os umbandistas a uma sabedoria que os fará diminuir e eliminar todas as pontas ainda existentes em suas vidas, bem como na coletividade e na sociedade.

Temos na coletividade os grupos formados dentro da sociedade, que abarca todos esses diferentes agrupamentos de seres afins. E temos nas ações individuais molas propulsoras que resultarão em benesses ou prejuízos para a sociedade e para a Criação como um todo. Plantemos e colheremos!

A Umbanda perante as Injustiças Sociais

O equilíbrio é fator sustentador do sentido da vida que conhecemos por Justiça Divina. Na simbologia, no que se refere à justiça praticada entre os humanos encarnados, temos a balança, materializando e concretizando este fator equilibrador. Portanto, qualquer um que a esta obra chegar concordará que equilíbrio é justiça e justiça é equilíbrio.

Sendo assim, concluímos facilmente que desequilíbrio gera injustiça e que ambos estão intrinsecamente ligados. Quando há desequilíbrio em algo, alguém ou em alguma situação, a balança passa a pesar mais para um lado, o que gera um desequilíbrio em algum ou alguns aspectos da vida dos indivíduos, da coletividade e da sociedade.

Os desequilíbrios no mundo em que vivemos trarão naturalmente as injustiças, com privilégios para alguns. E nós, umbandistas, para que possamos compreender melhor como se dá, segundo nossa ótica filosófica, o equilíbrio em tudo e todos, precisamos entender como atuam as divindades que regem e guardam este aspecto, este sentido da vida.

Por isso, reproduzimos a seguir um breve comentário do Senhor Negro Velho Pai Thomé do Congo, extraído da obra de nossa autoria *Caminhos da Evolução – Superando Preconceitos*, publicada pela Madras Editora.

O Peso da Balança

Todos conhecem, no plano material, a Balança como um símbolo da Justiça.

Os umbandistas e cultuadores dos Amados Orixás a têm como um símbolo do Sagrado Orixá Xangô, divindade que representa a Justiça Divina.

Os procedimentos dos humanos encarnados e desencarnados, como de todos os seres criados por Deus, invariavelmente, são colocados nesta "Balança Divina", na qual, durante a busca do equilíbrio, quando necessário, são designadas sentenças para alguns seres, que atentam contra este Sentido, "desequilibrando" de alguma forma o meio em que vivem e, por consequência, toda a Criação Divina.

Para alguns, isso pode parecer fantasioso, mas, na realidade, não é.

Este Negro Velho que lhes escreve, há muito vem percebendo que o Senso de Justiça e sua própria definição estão por demais deturpados no plano material.

Tenho notado que, cada vez mais, as pessoas buscam pela "sua justiça", ou, ao menos, aquela que venha beneficiá-las.

Fazer a "sua" justiça, vingar-se, enfim, uma infinidade de atitudes errôneas, equivocadíssimas, tem ocupado as mentes dos humanos. E, com muita tristeza, percebo que as pessoas se "adonam" da razão nesses casos, como se fossem as proprietárias da verdade, dando sempre a última palavra nesse sentido.

Ora, se o Sagrado Pai Xangô, Orixá Universal e aplicador da Justiça Divina, atua de forma justa, conforme os desígnios de Deus, será que age corretamente um ser que, por sua própria conta, resolve "fazer justiça"?

Quando falo isso, não me refiro apenas àqueles que, com sua "sede" de justiça, resolvem fazê-la tomando o lugar e a frente da justiça humana. Falo, especialmente, daqueles que resolvem, através do verbo, autodenominar-se agentes da Justiça Divina.

E, obviamente, adentrando neste campo, falo de religiosos que, de posse de suas "convicções" (coloco esta palavra entre aspas, pois, invariavelmente, essas pessoas atuam em benefício de seus interesses mesquinhos), instigam pessoas de boa-fé e pouco conhecimento a manifestarem, de forma ignorante (pois não há outra palavra que melhor defina quem assim o faz), o preconceito à fé e à religiosidade dos cultuadores dos Sagrados Orixás, bem como de espíritas e espiritualistas em geral.

Em um comentário que fala sobre Justiça, Equilíbrio e a "Balança Divina", Negro Velho Pai Thomé do Congo vem dizer a você, que aqui chegou e lê esta obra, que esta Balança da qual me atenho a falar e repetir neste texto para que a fixe bem em sua memória atuará também sobre esses seres que usam de um pseudopoder religioso para manipular algumas pessoas.

Ser um "Cordeiro de Deus", saiba, é adorar ao Pai, a Ele servir, auxiliando seus irmãos, estendendo a mão a quem lhe for possível, para que trilhe de volta a Ele, na senda evolutiva, em paz. É ser, também, um cultuador dos Sagrados Orixás, fazendo desta fé uma mola propulsora da sua própria evolução e da de seus irmãos.

Ser um "Cordeiro de Deus" é tudo isso que citei, e não ser um cordeiro do pastor, do padre, do pai de santo, do dirigente espiritual ou sacerdote de qualquer outra religião.

Falo isso porque, em uma obra que fala da Evolução nos Sete Sentidos da Vida, em um comentário sobre a justiça e o equilíbrio, é preciso que se deixe claro que, também na manifestação da Fé, há de se ter justiça, razão e equilíbrio, para que a evolução se processe de forma reta.

Afinal, ou os Sete Sentidos fluem de modo correto, ou a Evolução estará prejudicada.

A Justiça Purificadora

A todos aqueles que, de alguma forma, atuarem desequilibrando o processo evolutivo de alguém ou de um grupo de pessoas, saibam que o Sentido da Justiça de Deus atuará de forma corretora.

E, se o Sagrado Pai Xangô, manifestador natural da Justiça Divina, atua como aplicador deste sentido, equilibrador, e é um Trono Universal, por outro lado há o Trono Feminino, de atuação Cósmica e purificadora, a Divina Orixá Oro Iná (Kali Yê).

Esta Divina Mãe, Orixá da Justiça e da Lei, atua como o fogo purificador. Pois, se o Amado Pai Xangô é o próprio fogo abrasador, aquecedor, da razão, nossa Amada Mãe Oro Iná surge como o fogo consumidor e purificador dos vícios e dos desequilíbrios.

Portanto, saiba você, todo aquele que atenta contra o Sentido da Justiça e contra o equilíbrio deverá encontrar, em seu caminho, as labaredas desta Sagrada Orixá.

A Justiça Direcionadora

Neste capítulo destinado à Justiça Divina, assim como no próximo, destinado à Lei Maior, você poderá perceber que estes dois Sentidos andam lado a lado, invariavelmente, para que a Evolução se processe continuamente com equilíbrio e ordenação.

Se, anteriormente, dissertei sobre a Mãe Oro Iná, Trono Cósmico da Justiça, atuante também nos campos da Lei, falo agora sobre a Sagrada Mãe Iansã, Trono Feminino e Cósmico da Lei, atuante também nos campos da Justiça Divina.

Esta Divina Mãe Orixá, com suas espirais dos ventos (é conhecida como a Senhora dos Ventos pelos cultuadores dos Sagrados Tronos), direciona todo aquele ser que se desequilibra neste Sentido da Vida, encaminhando-o a domínios onde seja amparado e corrigido, até que retome sua consciência e retorne para um fluir natural de sua evolução.

Tudo isto é necessário, pois desequilíbrios na caminhada evolutiva acabam prejudicando, invariavelmente, o todo à sua volta.

Então, estes Tronos Cósmicos aqui citados (Mãe Oro Iná e Mãe Iansã) cumprem função estratégica importantíssima na evolução dos seres em nosso abençoado planeta, garantindo assim que as evoluções individuais, além da coletiva, não paralisem por conta dos desequilíbrios de alguns seres.

Agora, encerrando meu breve comentário neste livro, uma iniciativa destes irmãos Mestres da Luz, da *"Ordem Mágica Caminhos da Evolução"*, Negro Velho Pai Thomé do Congo vem dizer a você que a "Balança Divina" do Sagrado Pai Xangô a tudo está atenta. E cada pensamento, palavra ou atitude proferidos nela serão colocados.

E, quando necessário, as Divinas Mães Cósmicas atuarão aplicando a Justiça Divina, sentido fundamental para que a Evolução se processe com equilíbrio.

Após breve comentário deste Mestre da Luz, podemos perceber que, para nós, umbandistas, o fator equilibrador se mostra claro e presente no dia a dia dos indivíduos e da sociedade como um todo.

As Divindades (Orixás) que regem e guardam este sentido da vida, trabalham na Criação pelo equilíbrio o tempo inteiro. Obviamente, isso se reflete na nossa vida cotidiana e em nosso meio social.

Pai Thomé do Congo cita em seu comentário Orixás Universais e Cósmicos. Nesse mesmo comentário, explica suas atuações, pelas quais podemos compreender o Orixá Universal como irradiador natural de um aspecto ou qualidade divina, enquanto o Orixá Cósmico (Guardião) atua reequilibrando onde se encontram os desequilíbrios, de forma corretora e severa, muitas vezes.

Os indivíduos humanos encarnados, em franca evolução, possuem suas mazelas e, muitas vezes, acabam se desequilibrando. Quando isso acontece e se prolonga, naturalmente refletirá ao seu redor, afetando de alguma forma aqueles que com essa pessoa convivem. Nenhum ser humano vive ilhado. Nossas atitudes são sementes que brotarão em nossas vidas e na coletividade da qual fazemos parte.

Mas até aqui falamos e alguém pode questionar: onde estão as injustiças sociais que intitulam este capítulo? Bem, vamos, a partir de agora, adentrar aspectos que, segundo nossa visão, promovem tais injustiças.

A individualidade e o ego

Somos consciências individuais humanizadas em franca evolução. Da nossa Origem (Deus) fomos exteriorizados a fim de absorvermos experiências que nos nutram de tal forma que, ao final desta longa jornada, possamos manifestar nosso Pai Criador e Mãe Geradora em todos os seus aspectos divinos, naturalmente.

Mas esta caminhada evolutiva se dá coletivamente, o tempo todo, onde quer que estejamos, seja no mundo da matéria, em qualquer faixa espiritual (positiva ou negativa) das dimensões naturais ou em qualquer orbe planetária do Universo manifestado. Caímos, aprendemos, reerguemo-nos, mas, invariavelmente (cada um a seu tempo), crescemos e evoluímo-nos. E chegaremos ao objetivo final, como quer nosso Deus.

Consciências espiritualizadas e humanizadas individuais que só promovem a evolução do Todo, de fato, quando conseguem verdadeiramente engrenar sua própria evolução individual.

E, concomitantemente, só conseguem promover a evolução individual, de fato, quando sentem consciencialmente a necessidade de trabalhar pela Evolução do Todo.

Portanto, a individualidade não é mais importante ou superior à coletividade, nem ao contrário. Ambas caminham de braços dados e nós, indivíduos conscientes, vivos e inteligentes, conseguimos nos perceber como integrantes de uma Criação exteriorizada por nosso Pai/Mãe e também de uma sociedade formada e constituída pelas nossas necessidades aqui no mundo material.

Poderíamos colocar aqui definições científicas para o Ego. Mas nosso objetivo é trazer uma mensagem simples, acessível a todos. Então, aqui o trataremos e o definiremos como "Eu mesmo". O ego sou eu e eu sou o ego. Haverá alguém que perguntará: "Mas o ego está ligado e/ou manifesta minha vaidade, correto?". Imediatamente, eu respondo: "Pode ser, mas não necessariamente! O ego me manifestará, ou, trocando em miúdos, manifestará meu estado vibracional e emocional naquele instante, naquele momento, como vivo, penso e ajo".

Então, podemos agora concluir que o ego e a individualidade andam juntos. O ego manifesta o indivíduo ou o indivíduo manifesta o ego? Tanto faz! Usemos um círculo como exemplo: onde ele começa ou termina? Pois, saibamos, a interligação entre ambos é circular. O meu ego pode manifestar-se positivamente, ao exteriorizar amor e compaixão, ou negativamente, exteriorizando vaidade, inveja ou outro sentimento mesquinho e ignorante.

Dependerá de como vibro meu íntimo. E, se eu iniciar uma reforma interior, uma limpeza, não será jogando o ego fora que resolverei os problemas, pois, assim fazendo, estarei cometendo um suicídio consciencial-existencial. Devo limpá-lo, purificá-lo e transmutá-lo. A positivação do ego é a elevação da minha consciência e ocorrerá quando eu começar a promover minha reforma interior. E como ela deverá ocorrer? Da melhor forma para mim, pois, em cada um, ela se dará ao seu modo, no Espaço e no Tempo.

"Eu mesmo" trabalhando por mim mesmo e, concomitantemente, pelo Todo.

Do ego às injustiças sociais

"Eu mesmo" (ego) direcionarei meus pensamentos, passos, atitudes, dependendo do meu estado vibracional e emocional, positiva ou negativamente. Posso trabalhar a partir do ego a compaixão, o amor fraterno, a solidariedade ou a vaidade, a inveja, a discórdia, entre outros sentimentos desequilibrados e desequilibradores.

Quando me encontro com o ego em estado vibratório e emocional negativo, naturalmente o manifestarei externamente, provocando ao meu redor desequilíbrios, que com certeza afetarão a mim mesmo, mas consequentemente a tudo e todos ao meu redor. O meio coletivo em que vivo será contaminado pelo meu estado emocional e vibracional, exteriorizado pelo meu ego.

Encontrando-me em estado de desequilíbrio, nada além deste fator negativo manifestarei. E, se posso contaminar o todo ao meu redor, esta energia viciada pode se espalhar e, inevitavelmente, isso acaba acontecendo. Em estado desequilibrado e desequilibrador, atrairei desequilíbrio e desordem para o meu dia a dia. Aos poucos, conviverei com uma coletividade doente e viciada em seus valores, mas também em suas práticas cotidianas.

Quando falamos em injustiças sociais, sentimo-nos e nos colocamos como vítimas, tendo sempre como algozes nossos dirigentes políticos, denominando-os responsáveis por nossas desgraças sociais e até mesmo pessoais. Mas não nos apercebemos que, como já pudemos compreender ao longo desta obra, a sociedade reflete o seu construtor, ou seja, o indivíduo. É resultado de uma construção coletiva que parte do íntimo de cada um que a compõe.

Sociedades humanas petrificadas na ignorância assim permanecem, exatamente porque cristalizaram-se neste estado e, em um círculo vicioso e incansável, teimam e insistem em reproduzir seus modos danosos e danificadores de olhar e ver a vida em coletividade. Essas coletividades permanecem estagnadas, pois, petrificadas na ignorância, não conseguem avançar no único caminho que realmente leva tudo e todos à frente, que é a senda do Conhecimento.

Com meu ego manifestando ignorância de forma pulsante, trabalharei para um universo que é composto por mim e tem o todo ao meu redor (ao menos na minha compreensão viciada) formado por asseclas, escravos até mesmo. Pois me verei, ter-me-ei e me idealizarei como um deus. Este nível de ignorância me fará reproduzir e disseminar o preconceito (principal e maior erva daninha da nossa sociedade) em larga escala. Vendo-me e sentindo-me assim, afasto-me cada vez mais do único e verdadeiro Deus, do qual faço parte, como uma gota ínfima e fundamental.

Assim, de modo desequilibrado caminharei e promoverei as injustiças (desequilíbrios) em minha casa para com minha família, em minha rua, meu bairro, cidade, estado, país... e assim por diante. Porque tudo, exatamente tudo, parte do íntimo de cada um e afeta a sociedade exatamente no grau de vibração em que foi exteriorizado por nós.

Portanto, nossa responsabilidade social é muito maior do que imaginamos, quando, confortavelmente, buscamos soluções fora de nós mesmos para os insucessos, problemas, fracassos e tragédias em nosso mundo manifestado. Eu sou responsável por tudo o que acontece neste mundo, seja positivo ou negativo.

Quando conseguir me enxergar desta forma, estarei dando o primeiro passo para a minha reforma íntima. Reforma esta que será o primeiro passo para a reforma e transmutação da nossa sociedade.

Mais importante, neste ponto, é compreendermos que tudo o que vivemos no dia a dia teve um ponto de partida. Se analisamos uma sociedade composta por seres humanos vivos e dotados de inteligência, percebemos que esses seres vivos e inteligentes são o ponto de partida para todas as conquistas e fracassos deste meio social.

Respire fundo, reflita... e verá que o movimento contrário é, simplesmente, impossível! Há um ditado popular que diz: "o meio faz o indivíduo". Não é incorreto! Mas essa frase avalia e externaliza apenas um aspecto, foca em um determinado ângulo. Como quem começa a assistir a um filme em andamento e, sem auxílio algum, tenta compreender sua trama sem conhecer sua introdução.

Esse ditado popular, que, insisto, não é incorreto, não traz em si uma avaliação que demonstre que, para um determinado meio criar-se, cristalizar-se e estabelecer-se, precisa ser composto por indivíduos que, reunindo-se, aos poucos, vão formando aquele meio, com suas regras e costumes. Mas cada indivíduo partiu de um ponto inicial, cada um com seu "Eu mesmo", seu ego.

E foram esses egos que formaram, juntos, aquele meio, criando um corpo de regras e costumes balisador que visa a garantir uma série de privilégios comuns a todos. Quando isso acontece, os indivíduos que formaram o meio e criaram suas regras de conduta e convivência lideram, e todo aquele indivíduo que quiser adentrá-la deverá cumpri-las, e assim que se apresentar deverá apresentar também suas credenciais.

Serão essas credenciais que o classificarão no meio. Se forem condizentes com o que satisfaz aqueles indivíduos ditadores das regras, ele passa a integrar aquela elite. Caso contrário, servirá a ela. Assim começam os desequilíbrios.

Acreditamos que uma sociedade equilibrada só será assim, de fato, se nela houver hierarquia. Nós, umbandistas, cultuamos Olorum, nosso Deus, a partir das Suas Hierarquias Divinas (os Orixás Sagrados) que passam pelos mistérios manifestados pelas linhas espirituais de trabalho e chegam até nós. Mas essas hierarquias divinas não contêm em si desequilíbrios e injustiças.

E é neste ponto que focaremos agora.

Umbanda equilibradora

Já sabemos que o fator equilibrador é irradiado pela Justiça Divina, quarto sentido da vida e quarta linha de Umbanda. Sentido este que é regido pelo Sagrado Pai Xangô. Portanto, este aspecto deve se fazer presente na vida de todo e qualquer umbandista, o tempo todo, 24 horas por dia.

Os rituais sagrados de Umbanda devem ser canalizadores de energias divinas, sutis, positivas, conscientizadoras, ordenadoras, congregadoras, transmutadoras e equilibradoras. Cabe ao adepto desta doutrina, seja dirigente, cambono, médium ou assistente, ter nos rituais seu ponto de descarga de energias emocionais densas ou viciadas e abastecedor de energias positivas renovadoras.

Do ritual, o umbandista deve sair renovado para a vida e, no seu dia a dia, praticar o que a Umbanda lhe traz o tempo inteiro. De nada adianta ser um umbandista dedicado e aplicado durante a sessão ritualística, mas se manter desequilibrado e viciado em seu dia a dia.

É certo que a evolução no cotidiano é uma tarefa árdua. Muitas vezes, apresentam-se situações que nos colocam à prova. Mas este é o desafio! A tarefa de superarmo-nos constantemente é árdua, não impossível! Se assim fosse, Deus não nos colocaria na estrada evolutiva.

Tudo o que nosso(a) Pai/Mãe quer de nós é ver-nos crescer, evoluir e naturalmente. manifestá-Lo(La). Com esta compreensão absorvida de fato em nossos íntimos, fica mais fácil caminharmos, sem revoltas ou amarras.

Cientes disso, passamos a ver na Umbanda, naturalmente, este seu aspecto equilibrador. Por intermédio do conhecimento que esta escola evolutiva nos coloca, podemos nos equilibrar, como também o meio ao nosso redor. Assim fazendo, plantamos sementes para uma sociedade mais justa.

E nosso modelo de sociedade justa e equilibrada começa a tomar forma a partir da nossa maquete social, a Umbanda.

A Umbanda e as injustiças sociais

Como já argumentamos nesta obra, a Umbanda, nossa escola evolutiva, não está flutuando na sociedade. Faz parte dela, age nela e com ela interage, reflete nela e sente em si os reflexos dela. É uma filosofia religiosa congregadora-transmutadora-ordenadora-equilibradora dos seres que nela adentram, os quais, ao mesmo tempo, permitem que ela penetre em suas vidas.

Só por isso, já se torna inconcebível achar que as questões sociais não interferem ou refletem na Umbanda. Um ser humano que pratique esta religião levará para dentro dela tudo o que carrega em si. Questões emocionais são visíveis e tratadas. E as questões sociais? Serão sempre encapadas por um tabu e evitadas dentro do meio umbandista? Nunca adentraremos em uma real discussão acerca das mazelas sociais que afetam diretamente os umbandistas e, consequentemente, a Umbanda?

Desequilíbrios emocionais têm alguma relação (ao menos em alguns casos) com as distorções sociais? Já está mais do que na hora de provocarmos esta discussão dentro do nosso meio, irmãos e irmãs umbandistas! Isto passa longe de um discurso panfletário ou político-partidário, mas quer provocar uma reflexão entre nós.

Não podemos fechar os olhos para o que acontece ao nosso redor. Os desequilíbrios e injustiças sociais existem, sim! E como nós, dentro da Umbanda, nos colocaremos diante disso tudo? O que faremos para tentar, ao menos, dirimir tais injustiças?

Segundo os Mestres da Evolução e guias espirituais de Umbanda que nos orientam, tudo, invariavelmente, deve partir do ponto inicial, que é o íntimo de cada um. A reflexão acerca dos nossos pensamentos, conceitos e preconceitos, julgamentos com relação a indivíduos, sociedade, comportamentos, deve nos levar à conclusão de que, se Deus não discrimina ou julga quem quer que seja, por que nós, espíritos humanos encarnados em evolução, o faremos?

No capítulo desta obra em que dissertamos acerca do preconceito, destacamos ser fundamental que os umbandistas se dispam dele. E isso começa, exatamente, em seus íntimos e reflete-se dentro do trabalho nos templos. Quando não olharmos mais de cima a baixo aqueles que no terreiro adentram; quando não mais julgarmos nossos irmãos de corrente mediúnica; quando cortarmos as fofocas e intrigas do nosso meio, estaremos, a partir do nosso trabalho, acabando, aos poucos, com os desequilíbrios.

A eliminação de todo e qualquer tipo de preconceito é o primeiro grande passo rumo ao equilíbrio fundamental em nosso meio umbandista. Quando assim fizermos, então, caminharemos a passos largos até chegarmos a ser a maquete ideal para a nossa sociedade.

Durante a história da humanidade, tivemos tantas ordens ocultas, congregações fechadas, sociedades secretas. Hoje, temos a Umbanda como uma ordem, uma congregação, aberta e de braços abertos para tudo e para todos. Dizem-nos os Mestres da Evolução e guias espirituais que nos orientam que a Umbanda está pronta para ser esta maquete social exemplar, mas, como uma tomada que potencialmente ativa a luz sobre nossas cabeças, precisa que uma mão humana a acione.

Neste caso, milhões de mãos humanas, dos umbandistas, acionarão, se assim quiserem, esta tomada que trará uma nova luz para a nossa sociedade. A Umbanda poderá e deverá contribuir para o reequilíbrio social. Está pronta para isso e aguardando que nós nos repensemos, reformemos intimamente e apertemos o botão.

Perante as injustiças, inclusive as sociais, a Umbanda se coloca como uma escola evolutiva orientadora, esclarecedora, equilibradora, ordenadora e transmutadora. Tudo isso a partir da Fé, sentido fundamental e básico para o bom fluir da Vida, mas sem deixar de lado ou abrir mão do Amor, sentido que agrega, une e concebe.

Pois será com Fé e Amor que abrandaremos as injustiças, buscando levar a todos o Conhecimento, a verdadeira essência libertadora dos seres e, por consequência, do meio em que vivem. E na nossa prática como umbandistas, promovamos com fé e amor o acesso ao conhecimento, reunamos grupos, promovamos discussões sadias e que contribuam para o crescimento individual e coletivo. Incentivemos todos a conhecerem e buscarem seus direitos.

Assim, chegaremos ao ponto de equilíbrio. E onde há equilíbrio as injustiças, naturalmente, desaparecem!

Amor, Geração e Conhecimento: Pilares da Umbanda

O Amor, a Geração e o Conhecimento são sentidos básicos para que a vida dos indivíduos e em sociedade flua com satisfação. Mixando bem estes três aspectos divinos, a caminhada evolutiva será harmoniosa e proveitosa. Os aprendizados trarão ao ser e ao meio em que vive progressos claros no campo evolutivo espiritual e, por consequência, em sua vida material.

Para nós, umbandistas, são pilares sustentadores da nossa fé, pois, sem Amor, não temos como manifestar esta fé; a Geração mantém viva nossa fé e o Conhecimento é a base sustentadora de toda a nossa crença. Amor, Geração e Conhecimento são os pilares básicos da nossa escola evolutiva.

Firmes nesses três campos, poderemos construir uma vida melhor entre nós e com todo o meio social que nos rodeia. Agora, vamos falar um pouco mais detalhadamente de cada um deles.

Umbanda é Amor

Inicio este tópico falando diretamente em Deus!

Não fosse Ele/Ela puro Amor, com certeza eu não estaria escrevendo esta obra, tampouco você a leria. Com a construção que demos a este planeta em que vivemos, não emanasse Amor o tempo todo por tudo e todos nossa Origem Divina, nem mais existiríamos.

Este é um ponto crucial para que iniciemos esta reflexão acerca do Amor em nossa sociedade e na Umbanda. Como vemos o Amor e como ele realmente é? O Amor é o que e como queremos que seja?

Ou encapamos nossos egoísmos e imperfeições com um amor fabricado para nos servir?

Faz-se necessário que enxerguemos o Amor na sua forma mais pura e original, que é o Amor Divino fluindo da Origem para toda a Sua Criação. Este aspecto divino, segundo sentido da vida e segunda linha de Umbanda, espalha-se por toda a Criação a partir de Deus como combustível alimentador da vida por Ele/Ela criada e exteriorizada.

Não há Vida sem Amor, e a existência dele só faz sentido se for para sustentar a Vida na sua mais ampla e plena forma. Assim, entendemos que o Amor é algo muito mais profundo do que, muitas vezes, podemos compreender. O sopro divino, criador, sustentador e mantenedor da Criação é, em si, o maior ato e prova de amor de Deus para com tudo e todos.

Compramos a ideia do amor "industrializado", uma espécie de amor que condiciona, sufoca muitas vezes e tolhe o ser em um dos seus bens mais preciosos: a liberdade. O que nos faz pensar então que, por amor, posso aprisionar a pessoa "amada". Alguém vitimado por uma situação deste tipo se sente, de fato, amado?

Precisamos rever e repensar nossos conceitos, definições e convicções acerca do amor. Pois, se não refletirmos e modificarmos alguns conceitos, ele nunca passará a ser Amor.

Na Umbanda, temos o Divino Trono do Amor arquetipificado pela Senhora Orixá Oxum, a mãe da concepção, no seu aspecto feminino e universal. É o Trono Feminino do Amor. E no arquétipo do Senhor Oxumaré, o senhor da renovação, o Trono Masculino do Amor, cósmico, diluidor dos negativismos.

Oxum: a Mãe do Amor Divino

A concepção é fator fundamental no Amor. Na sua forma mais ampla, podendo ser uma concepção de ideias, projetos, um novo empreendimento, família, filhos. Em toda e qualquer situação em que houver a concepção, lá estará um poder divino que, na Umbanda, denominamos Orixá Oxum, Senhora e Mãe do Amor. Em seu arquétipo africano, apresenta-se como a mulher grávida, demonstrando e simbolizando, justamente, este aspecto do seu poder, a concepção.

Tudo isso já não é mais novidade para quem estudou ou está estudando as obras deixadas no plano material pelo Mestre Rubens

Saraceni. Apenas colocamos aqui com o intuito de afirmar estes conceitos para que nossa ideia acerca deste sentido na vida e na Umbanda possa ser bem compreendida por você que até aqui chegou.

Em uma sociedade que compra o amor industrializado, enlatado, condicionado (diga-se de passagem, só há Amor quando o sentimento for incondicional), cheio de regras e vírgulas que, se não cumpridas conforme a cartilha, podem mudar o sentimento na página seguinte, torna-se uma tarefa um pouco mais árdua, a partir do conhecimento umbandista, desnudar a visão das pessoas de conceitos tacanhos e arraigados para que enxerguem o Amor como ele realmente é, ou como flui de Deus.

A Sagrada Mãe Oxum em hipótese alguma será a divindade que dará a quem lhe pedir um bom marido, esposa, um casamento estável, pura e simplesmente. Será sempre o Orixá que trará a você o Amor como melhor lhe couber, da forma que o tornará pleno e o fará crescer. Porque o Amor, como sentido fundamental e combustível da vida, também trabalha o tempo todo e em todos os sentidos para que a evolução se cumpra da melhor forma. Isto inclui a sua, a minha, a nossa evolução!

Por isso, o umbandista precisa compreender, antes de mais nada, os aspectos desta senhora divina desnudados, sem tabus ou capas ilusórias para que, já sabedor das suas qualidades e das suas aplicações dentro dos ditames da Lei Divina, possa usufruir deste poder para sua evolução e do todo ao seu redor. Assim, com Amor, começará a construir uma sociedade renovada a partir deste princípio divino.

Vamos conceber a partir da Umbanda um novo conceito, uma nova ideia e uma nova forma de se ver e praticar o Amor. E que seja esta forma aquela que vê tudo e todos à nossa volta como irmãos participantes e construtores de uma sociedade justa e igualitária.

O Amor à Natureza

Nós, umbandistas, cultuamos Deus e suas divindades a partir de sua manifestação natural. Reconhecemos (além dos arquétipos dos Orixás) todas as qualidades divinas na Natureza, em suas mais variadas manifestações.

Portanto, a Natureza é nosso altar, nossa vida pulsante, é Deus em nós e ao nosso redor ao mesmo tempo.

Nossa sociedade contemporânea e tecnológica nos afasta cada vez mais da Natureza. Nossa vida urbana não permite que, como outrora, possamos nos recarregar energeticamente em contato direto com Deus e suas manifestações nos campos naturais de forças. Por isso, os templos umbandistas buscam suprir esta ausência em nossas vidas.

Se amamos de fato a Natureza Mãe, devemos cuidar dela em todos os seus aspectos e manifestações. Este cuidado passa pelo zelo, mas também pelo respeito e reverência. Quem de nós, quando adentra área marítima, saúda mentalmente, ao menos, as divindades e forças ali presentes? Só lembramos da Mãe Iemanjá quando vamos a algum festejo em sua homenagem na praia?

Mas estamos falando do Amor. O que Mãe Iemanjá tem a ver com isso? Sim, estamos falando do Amor e abordando qualidades da Divina Mãe Oxum. Porém, pretendemos mostrar que os Poderes de Deus (Orixás Sagrados) entrecruzam-se e encontram-se o tempo todo. Assim, no que se refere ao amor à Natureza, devemos carregar as qualidades da Divina Oxum em qualquer campo natural que adentrarmos, com respeito, reverência e zelo.

Oxumaré: Pai do Amor e da Renovação

No Amor, segundo sentido da Vida e segunda linha de Umbanda, temos como regente deste princípio a Orixá Oxum e como guardião o Senhor do Arco-Íris Sagrado: Orixá Oxumaré.

Ela é o próprio amor divino manifestado, no seu aspecto conceptivo, agregador. Ele, diluidor dos negativismos no segundo sentido da vida e renovador. Senhor de todas as cores, nada tem a ver com bissexualidade, como apregoado por alguns cultuadores. Apenas rege o aspecto da sexualidade em nossas vidas. O Amor em seu polo positivo é manifestado por Mãe Oxum; no seu polo negativo, por Pai Oxumaré.

Este breve comentário quer criar um paralelo entre os dois polos do Amor na vida e na Criação, para que possamos entender como se manifesta esta linha de Umbanda e como o umbandista deve mostrá-la à sociedade.

Fundamentalmente, ao nosso ver, desta forma: Amor é um sentido, um aspecto ou princípio divino que vai muito além de relacionamentos entre pessoas de sexos opostos ou do mesmo. Este aspecto é apenas um, deste amplo poder divino. É o aspecto mais explorado pela mídia, mais "cultuado"e usado em nossa sociedade, muito provavelmente a fim de manter as pessoas anestesiadas e controladas por um sistema de poder desequilibrado e desequilibrador.

Quando conseguirmos desenvolver o Amor por tudo e todos não somente nos aspectos matrimonial e sexual, nós nos libertaremos de muitas amarras que nos foram impostas por nós mesmos e pela sociedade que construímos.

Umbanda: Amor e Renovação

Amor renovado é o que devemos almejar a partir de agora em nossas vidas. Sabedores e conhecedores dos aspectos mais amplos e universais deste sentido da vida, passamos a trilhar nossas estradas evolutivas manifestando um amor sem dogmas, tabus e preconceitos, sem condições impostas e preestabelecidas.

Chegaremos ao ponto ideal quando conseguirmos, naturalmente, amar tudo o que tiver origem em Deus, tudo mesmo, sem exceção!

Esta também é uma função da Umbanda em nossas vidas: renovar nossas mentes e corações para que manifestemos amor sem vícios. Quando conseguirmos colocar estes conceitos em nossos trabalhos, nossa escola evolutiva nos devolverá ensinamentos que nos levarão ao Amor como quem percorre uma estrada florida, sem percalços.

E isto deve começar pelos trabalhos realizados por todos os trabalhadores de um templo umbandista e até mesmo frequentadores. Na prática, você tem se preocupado com o bom andamento dos trabalhos da casa? Já conversou com o dirigente da mesma a fim de saber como tudo está ocorrendo? Ou chega em cima da hora para preparar-se e trabalhar, caso seja médium, ou para ser atendido, caso seja consulente? Já parou para pensar que, em vez de criticar, de criar rodas de conversas não produtivas, você poderia contribuir um pouco mais para o crescimento do templo?

Quando os umbandistas, de fato, manifestarem esta consciência, aí, sim, teremos o Amor na Umbanda sem máscaras, tabus, vícios. E poderemos, a partir dos trabalhos realizados, levar o Amor aonde for necessário.

Com isto, estamos querendo dizer que tudo está perdido em todos os templos de Umbanda? Claro que não! Esta não é uma mensagem direcionada à Umbanda de forma generalizada, mas, sim, a cada um que ler esta obra, visando tocar em seu íntimo, despertar sua consciência. Caso você tenha agido de forma equivocada, neste aspecto, não se desespere! Renove. Terá, então, acionado em seu íntimo o poder do Divino Oxumaré, para, em seguida, concebendo novas atitudes e pensamentos, acionar o poder da Mamãe Oxum em seu trabalho, em sua vida e na Umbanda.

Permita o que a Umbanda pretende ser em sua vida: Renovação e Amor. Assim, você umbandista, fortalecerá nossa maquete de uma sociedade justa com as qualidades do Amor, segunda linha de Umbanda.

A Umbanda e a Geração

Geração e Criatividade, aspectos manifestados no sétimo sentido da vida, sétima linha de Umbanda. Neste sentido, a vibração aquática de nosso(a) Divino(a) Criador(a) apresenta-se como fundamental para o fluir da Vida e para sua manifestação plena. Assim, aqueles que ainda não conhecem estes aspectos teológicos podem começar a entender por que sempre ouviram que Mãe Iemanjá e Pai Oxalá são, na Umbanda, mãe e pai, respectivamente, de "todas as cabeças".

A Fé e a Geração pontificam as sete linhas, sendo a Fé primeira linha e a Geração sétima linha de Umbanda. Da Fé à Geração, tudo vai se construindo, constituindo-se, formando-se e, quando geradas, manifestam Criatividade e Vida. Esta manifestação de Vida deve ser compreendida de forma ampla, não somente no que se refere à geração de vida humana, mas de toda e qualquer espécie manifestada e participante da Criação, bem como de tudo aquilo que o Criacionismo pode proporcionar aos seres em evolução.

Um projeto profissional, por exemplo, necessita da crença em sua concretização e sucesso (Fé), do combustível para que seja concebido (Amor), do Conhecimento para que prossiga, equilíbrio (Justiça), ordenação e direcionamento (Lei), sendo transmutado o tempo todo em todos os aspectos para que evolua, seja criado e gere novas perspectivas àqueles que nele se encontram envolvidos.

Um projeto profissional, seguindo esta linha, chegando à Geração, poderá gerar trabalho a um determinado número de pessoas. Teremos, então, na vida prática em sociedade o sentido da Geração atuando na rotina dos seres humanos em evolução.

Iemanjá: a Mãe da Vida

A Senhora da Vida, nossa amada Mãe Iemanjá, a Orixá mais popular em nosso país, irradia-nos com suas essências aquáticas geradoras e criativas o tempo todo. Sustenta-nos com seus eflúvios divinos sempre nos estimulando a gerar coisas novas, novos projetos que sustentem e deem continuidade à Vida em nosso planeta.

Não fosse o Senso de Geração e Criatividade de nossa Mãe Iemanjá, viveríamos prostrados, aguardando que algo ou alguma força superior nos movesse. Sim, a maleabilidade é geradora e a geração é maleável. Basta observarmos o elemento água e veremos que, em si, carrega estas qualidades (geração e sustentação da vida, além da maleabilidade).

Então, podemos nos banhar em essência aquática, para que tenhamos maleabilidade? Trabalhando de forma correta, sob orientação de guias espirituais ou de sacerdotes e médiuns sérios, os umbandistas podem se beneficiar deste Poder Divino, trazendo estas qualidades para suas vidas, e sem prejudicar a si ou suas atividades, bem como a dos seus familiares.

Nossa Senhora e Mãe da Vida nos abraça com seus largos braços divinos e nos envolve em seu seio, amparando-nos, dando-nos amor, buscando nos mostrar o melhor caminho e nos estimulando para que caminhemos sempre no rumo correto. E, se assim fizermos, sentiremos em nossos corações o afago caloroso e amoroso de nossa Divina Mãe Iemanjá.

Sempre que trabalharmos amparando a Vida, guardando-a e buscando gerar coisas que a sustentem, teremos os eflúvios da nossa amada mãe da geração sobre nossas cabeças. Em outro ponto desta obra, definimos a Umbanda como uma grande mãe, pois podemos dizer agora que este seu aspecto maternal se dá, também, a partir de sua sétima linha, da geração, por intermédio de nossa Mãe Iemanjá.

O Senhor da Morte

Precisamos compreender a morte como uma troca de estado ou estágio, para outro semelhante, ou mais elevado, ou mais denso. Mas sempre e invariavelmente nos levará para outra realidade na Criação e em uma nova condição.

Então, ver e entender a morte como o fim de tudo ou, ao menos, fim de uma vida é não entender sua essência e seu significado na plenitude. Morrer aqui é nascer, no instante seguinte, em outra realidade. Isto quer dizer que partimos para uma nova vida? Muitos assim compreendem. E assim entender ainda é melhor do que interpretá-la como o fim ou um fim qualquer. Mas, em verdade, todo e qualquer estágio que alcancemos após nossa troca de realidades será uma continuidade em nossas vidas.

E nossa vida não começou no dia em que viemos ao mundo nesta encarnação, mas quando fomos gerados no Útero Divino, qualificados, e passamos, como consciências geradas por Deus, a caminhar evolutivamente para, experimentando e experienciando, aprender e crescer, transformarmo-nos e retornarmos à Origem manifestando naturalmente todas as Suas Divinas Qualidades.

Os seres humanos encarnados, em sua imensa maioria, temem a morte. E assim o fazem porque não a compreendem ou a enxergam de forma deturpada. A morte é também um aspecto da Vida e, só por isso, tem uma Divindade que rege/guarda este aspecto.

A Morte é Guardiã da Vida! Sim, a morte paralisa e tem neste verbo (paralisador) sua principal qualidade. Este fator paralisador será aquele que fará com que tudo o que atenta contra a vida encerre suas ações negativas naquele instante, encaminhando tudo e todos que atentaram para seus locais de merecimento evolutivo. Então, a morte não se dá apenas no aspecto físico, quando o espírito se desacopla definitivamente do corpo material, mas quando toda e qualquer coisa estiver atentando contra a vida ou atrapalhando-a.

O Senhor Orixá Omolu, temido por muitos que não o conhecem e, assim, acabam deturpando suas qualidades e funções, cumpre esta divina incumbência na Criação, manifestando sempre este seu aspecto dentro da Lei e da Justiça, com equilíbrio e ordenação. Portanto, temê-lo é desnecessário, pois o Senhor da Morte não aparece em qualquer lugar, a qualquer momento, e sai matando desregradamente.

O Senhor da Morte não mata, porque a morte, como pensamos e entendemos, simplesmente não existe! A Morte em sua essência é, como já citei, paralisação e troca de estágio evolutivo. A Vida, a Morte e a Evolução estão interligadas umbilicalmente, já podemos perceber. Talvez, por isso, haja confusão entre os aspectos dos Orixás Obaluayê e Omolu.

Ambos são cultuados pelos umbandistas também nos campos de força das passagens (cemitérios), e seus arquétipos muito se assemelham. Pois, neste Campo-Santo, as manifestações dos poderes desses dois Orixás são ordenadas. Temos no cemitério, então, um campo de passagens da Evolução. Mas, nesse campo, temos também a forte e firme presença do Senhor da Morte.

A Morte é Guardiã da Vida. Também é guardiã da Evolução? Vejamos então: nos campos de forças das passagens, os cemitérios, temos a atuação do Orixá Obaluayê (Regente no Sentido da Evolução) no alto, em seu polo positivo. E temos a atuação do Orixá Omolu (Guardião no Sentido da Geração e da Vida), no embaixo, em seu polo negativo. Então, podemos concluir que o Senhor Omolu é um guardião da vida e da morte nos campos da evolução, os cemitérios.

O Sagrado Pai Omolu está atento a tudo e a todos, sempre fixando seu olhar naqueles que atentam contra a Vida, seja em seus domínios frente ao mar (areia da praia), nos cemitérios (embaixo) ou em qualquer campo divino; afinal, guarda a vida em todos os seus aspectos.

Geração: vida e morte em sociedade

Em nossa rotina social, devemos promover a ação geradora da vida o tempo todo. Buscar zelar e guardar a vida passa, principalmente, por nosso cuidado com a Natureza Mãe. Tristes conosco ficam nossos Pais e Mães Orixás, especialmente nossa Mãe Iemanjá e nosso Pai Omolu, quando percebem que não zelamos pela vida natural ao nosso redor e não a compreendemos como manifestação viva e divina da nossa Origem.

Assim, acabamos nos entendendo como "deuses" e nos vemos e sentimos como o centro de tudo. A ignorância é um aspecto que faz parte da caminhada de todo e qualquer ser que busca a sabedoria e para ela ruma (mesmo que ainda não saiba que está se movimentando para isso). Mas devemos considerar também que aspectos culturais da nossa sociedade atravancam e dificultam a disseminação de uma mentalidade natural ou, trocando em miúdos, de uma mentalidade que nos aproxime e religue à Origem por meio das portas que podem nos dar o acesso mais fácil a Ela. E todas estas portas, sem exceção, encontram-se na Natureza Mãe.

Enquanto construirmos e sustentarmos uma sociedade que atenta contra a Vida, mergulharemos em um poço que nos levará ao tormento social e ao sofrimento individual, pois todos nós, em algum momento, sentiremos em nossos íntimos quanto prejudicamos a Evolução do Todo.

Desmatamentos, desequilíbrios ecológicos que causam desequilíbrios energéticos, alimentação desregrada, tudo isso, ainda pouco considerado por nós, tem contribuído para a instauração do caos em nosso meio social. E isso vem se agravando e parece ser um poço sem fundo, não permitindo que os seres percebam que são partícipes de um suicídio coletivo.

Os aspectos econômicos tomam a frente de todos os debates, discussões e reivindicações de alguns setores da sociedade ante os nossos representantes, os políticos. Tudo isso resulta em uma movimentação política distorcida e equivocada, pois a sociedade deve ser bem administrada e pensada em todos os seus aspectos. Desconsiderar o trato com a Natureza, retirando dela toda e qualquer prioridade, é negar a Divindade, negar a própria Criação. Assim tem feito o cientificismo tecnocrático, buscando mostrar às pessoas um racionalismo sem nexo, pois nexo não há em qualquer filosofia que negue Deus.

Isto promove uma paralisação em nossa evolução individual e, por consequência, social. Mata-nos por dentro e por fora, pois intimamente ficamos paralisados e externamente também, quando não conseguimos manifestar nada que contribua para a continuidade da vida como um todo ao nosso redor, em nossa sociedade.

Precisamos repensar nossos conceitos e nossas prioridades, passando a priorizar a Geração e a Vida em sociedade. Vamos pensar em uma vida saudável em comunidade, fazendo da nossa rua e do nosso bairro núcleos geradores e sustentadores da vida, promovendo ações e projetos comunitários que possam despertar a consciência de todos e suas religações naturais com Deus.

E neste processo os templos umbandistas, como maquetes vivas de uma sociedade saudável, tornam-se fundamentais. Quem sabe, a partir dos terreiros, possamos começar uma nova ação geradora e despertadora das consciências. Devemos tentar!

A Geração é um sentido fundamental, tendo na vida e na morte aspectos balisadores da evolução em sociedade. Façamos da Umbanda uma escola evolutiva geradora e sustentadora da vida, não apenas promovendo trabalhos de consultas com guias ou tratamentos espirituais diversos, mas trabalhando como templos em que o conhecimento seja promovido e estimulado o tempo todo. E é a partir daqui que damos início ao nosso próximo tópico.

Conhecimento: necessidade prioritária para os umbandistas do século XXI

O Conhecimento é a pedra fundamental da Umbanda!

Sem ele, o umbandista não tem condições de praticar sua fé, pois aquele que não conhece a doutrina que professa acaba atuando com receio, medo até mesmo. Quando tem, ao menos, um conhecimento básico dos fundamentos teológicos de sua doutrina compreende e vivencia com leveza cada passo no seu dia a dia.

Não somente na ritualística está o conhecimento acerca da Umbanda. Nesta obra, temos apregoado ser esta religião uma escola evolutiva, filosófica, social e até mesmo doutrinária. Só por isso, já podemos compreendê-la como uma filosofia de vida intrínseca ao cotidiano dos seus adeptos e seguidores. Diferente disso, tornar-se-á uma religião pueril, banal, comum e de poucos efeitos transmutadores no dia a dia dos umbandistas.

Conhecer a Umbanda é adquirir saber no que se refere aos mistérios da Criação, os quais se manifestam o tempo todo, a partir dos Divinos Orixás e por intermédio dos guias espirituais manifestadores deles. Conhecer a Umbanda é caminhar a passos largos no rumo do autoconhecimento, pois aquele que "engole" informações e não as absorve em seu íntimo, promovendo as transformações reequilibradoras e reordenadoras, apenas tomou conhecimento, entendeu, compreendeu, mas não promoveu em si as mudanças necessárias.

Autoconhecimento é promover a expansão de dentro para fora o tempo todo. E esta expansão é e sempre será o grande desafio dos espíritos humanos em evolução, especialmente os encarnados. Expandir, racionalizar, direcionar, concentrar, afixar, são fatores intrínsecos ao Conhecimento, como sentido da vida e linha de Umbanda fundamental para o processo evolutivo.

Podemos dizer que o Conhecimento é o grande acelerador da nossa evolução. Sem ele, tudo atravanca e não caminhamos no rumo do saber, que deve ser sempre o nosso foco. Atingindo a sabedoria, reaproximamo-nos de nossa Origem, da qual saímos "inocentes", sem conhecimento de nós mesmos, a fim de experienciarmos e vivermos tudo o que fosse necessário para o retorno, plenos à nossa Origem Divina, manifestando-A naturalmente.

Mas tudo isso pode ser comprovado em nosso dia a dia em sociedade. Aquele que busca incessantemente o conhecimento, em qualquer setor da vida, galga degraus e conquista sua liberdade e independência. Já aquele que resiste a este aspecto da vida torna-se dependente de algo ou alguém.

Só o conhecimento liberta! Esta é uma grande verdade!

Talvez, por isso, muitos dirigentes dentro da Umbanda ainda relutem e apregoem que seus médiuns não leiam, não estudem, pois, com Conhecimento, se tornarão livres, independentes e condutores dos seus próprios destinos. Mas nós, umbandistas conscientes e amantes da liberdade, alertamos para os novos tempos que se avizinham. E nestes novos tempos, todo aquele que abdicar do Conhecimento, ou lutar contra ele, permanecerá estagnado nas trevas da ignorância humana.

Já aqueles que buscarem incessantemente o Conhecimento adentrarão à Luz do Saber Evolutivo e nela se banharão, abastecendo-se e fortalecendo-se o tempo todo, e, cada vez mais, serão capacitados para o serviço incansável à Criação, à nossa Origem Divina.

Mas este Conhecimento está nos livros, nas apostilas, nos cursos, nos trabalhos práticos dos terreiros? Quem detém, de fato, este Conhecimento dentro da Umbanda?

A Umbanda não é proprietária de nada, tampouco aqueles que, porventura, se autodenominarem líderes nesta nossa filosofia de vida. Nós não temos poder central e não há, nem nunca haverá, um espírito encarnado (ou um grupo de espíritos encarnados) dirigindo e dando as regras na Umbanda. Não é esta a Vontade Divina, assim afirmam os Mestres da Evolução, da Lei e guias espirituais que nos orientam.

Portanto, os detentores do Conhecimento são aqueles que dirigem e direcionam a Umbanda: nossos Pais e Mães Orixás. Não posso nem quero falar e responder sobre o funcionamento de outras doutrinas religiosas, mas, com base nas orientações que estou recebendo, posso afirmar que na Umbanda todo o direcionamento e as diretrizes são dados pelos senhores Tronos de Deus. Nossos mestres e guias espirituais são os manifestadores e executores de suas Vontades e Ordens.

É importante que isso fique claro, que médiuns e dirigentes atentem bem para essa informação, pois nós, os encarnados (sacerdotes, médiuns, cambonos), somos a ponta material fundamental para a execução do trabalho, mas apenas executamos... nada além disso!

A aquisição de conhecimento dentro da Umbanda, ainda hoje, gera alguma polêmica. Há os que dizem estar este aspecto nos cursos (presenciais e virtuais), nas apostilas e nos livros. Há os que lutam contra este formato, dizendo que o conhecimento umbandista manifesta-se, única e exclusivamente, por intermédio dos guias nos trabalhos espirituais.

Há mais de cem anos os guias espirituais vêm trazendo toda uma sabedoria nos trabalhos realizados nos terreiros. Sabedoria esta que não pode nem deve ser substituída por outro formato. Porém, entendemos que o conhecimento é fundamental para que qualquer sociedade catapulte, pois o saber está, sim, em livros. Mas em todo e qualquer livro? Todo curso é válido?

Estudar deve sempre fazer parte do cotidiiano de qualquer ser humano. Vivemos em uma sociedade (a brasileira) onde o estudo é colocado sempre em segundo, terceiro, quarto plano... E fica sempre o questionamento: nossos dirigentes políticos não investem em educação e, por isso, este aspecto é sempre deficiente no Brasil? Ou vamos, finalmente, perceber que os políticos nada mais são do que nós mesmos, os cidadãos, chegando ao poder e lá manifestando o que somos cotidianamente, em sociedade?

Trazer o conhecimento para dentro da Umbanda, uma religião brasileiríssima, neste país onde o estudo e o conhecimento são escanteados e escamoteados o tempo todo, tem sido um desafio enorme para os senhores manifestadores espirituais das vontades dos Orixás Sagrados. Porque, quando conseguem, ainda passam a depender, em alguns casos, de seres humanos encarnados que não compreendem e distorcem este aspecto.

A Umbanda nunca abrirá mão do conhecimento trazido pelos guias espirituais. Mas devemos também saber que os guias trabalham pela nossa evolução, portanto não nos querem ociosos e prostrados recebendo respostas prontas para tudo. Querem, sim, que estudemos... e muito!!!

Por outro lado, o conhecimento dentro da Umbanda deve ultrapassar a compreensão e até mesmo ditação de seus aspectos ritualísticos. Justamente estes ensinamentos é que devem ser trazidos pelos guias. Cada médium, cada sacerdote, cada casa umbandista é amparado(a) por uma egrégora espiritual que tem sua forma de trabalhar, condizente com as necessidades daquele grupo de espíritos guias e encarnados.

A fundamentação teológica deve ser o grande alicerce da literatura, dos cursos e apostilas. Esta base trará a força necessária para que o umbandista conheça sua doutrina, sua filosofia de vida e possa prosseguir evoluindo dentro dela e para fora dela (em nosso meio social).

Os Templos Sagrados do Conhecimento

Os templos umbandistas devem avançar, neste segundo século de manifestação da nossa escola evolutiva aqui no plano material, para o formato de templos sagrados do conhecimento. Como escolas orientadoras e direcionadoras no dia a dia daqueles que buscam na Umbanda uma via evolutiva em suas caminhadas.

Não devem manter e sustentar somente trabalhos espirituais de consulta com os guias, mas realizar trabalhos de orientação, palestras ministradas pelos sacerdotes, por médiuns devidamente preparados e até mesmo por guias espirituais que carregam em si chaves do conhecimento, porque, sabemos muito bem, os guias possuem suas habilidades como, por exemplo, curadores, quebradores de demandas. Então, muitos deles também são professores, mestres no conhecimento, aguardando que este aspecto seja aberto de fato e possam contribuir para com os encarnados ao seu redor.

A essência vegetal é animadora e sustentadora do Conhecimento, terceiro sentido da vida e terceira linha de Umbanda. Sabendo disso, podemos minar nossos templos sagrados do conhecimento com vegetais (plantas, flores, arbustos, árvores) que tragam esta irradiação, banhando o ambiente e a todos nós com seus eflúvios divinos expansores.

Buscar a concentração e a expansão deve se tornar uma constante dentro da Umbanda. Só assim, os umbandistas caminharão de modo satisfatório e se prepararão, de fato, para orientar e auxiliar no direcionamento daqueles que a Umbanda procurarem.

Não se pode mais admitir que uma pessoa adentre um templo de Umbanda pela primeira vez, faça perguntas para alguém incapacitado que não saiba falar sobre a sua religião. Porque quando isso acontece, a possibilidade de aquela pessoa nunca mais retornar à Umbanda torna-se muito grande.

Os sagrados templos umbandistas do conhecimento devem caminhar para um funcionamento diário. A variedade de atividades em todos os campos podem permitir que isso aconteça. Trabalhos de atendimento, consultas, rituais coletivos, cursos, palestras, pronto-socorro espiritual, entre outras atividades, podem formar uma agenda completa e satisfatória nos terreiros.

Mas não basta abrir o terreiro todos os dias e encher de atividades. Um sacerdote e um corpo mediúnico bem preparados devem sustentar este trabalho em um templo sagrado do conhecimento. E esta preparação se dará, invariavelmente, por meio do estudo, de forma igualitária para todos, pois, sem exceção, do sacerdote aos cambonos, passando pelos médiuns, todos devem alcançar, em algum momento, o mesmo grau de conhecimento.

E, independentemente de os Sagrados Orixás que irradiam e sustentam a casa, sugerimos que firmem também com elementos condensadores dos seus axés, os Divinos Orixás do Conhecimento: Pai Oxóssi e Mãe Obá. Assim fazendo, uma hierarquia de manifestadores espirituais e naturais destes dois Tronos Divinos se colocarão a postos, trabalhando em prol deste aspecto no terreiro que por este formato optar.

Oxóssi e Obá: Pai e Mãe do Conhecimento

O Conhecimento é, de fato, a Árvore da Vida! E neste aspecto vemos, justamente, as divindades que o sustentam na Natureza

Mãe. A essência vegetal só ganha estabilidade e firma-se, tendo como alicerce a raiz, de essência telúrica, caso contrário, o vegetal como elemento manifestado não se mantém firme, em pé.

O Sagrado Pai Oxóssi, com suas setas e flechas direcionadoras, é o Senhor do Conhecimento. Sustenta toda a Criação com sua essência vegetal expansora, mas também racionaliza e direciona no rumo do saber evolutivo.

A Sagrada Mãe Obá, telúrica, concentra e afixa, para que no conhecimento não nos percamos, ou para que o conhecimento não se perca. Todo aquele que distorce e se perde neste sentido da vida recebe a atuação deste Poder Maior da Criação.

Em nosso meio social, só podemos ter expansão e estabilidade quando banhados no Conhecimento. Sem este aspecto, não conseguimos chegar a lugar algum e, como citado anteriormente, nós nos tornaremos dependentes de algo ou alguém.

A Árvore da Vida expandirá todo aquele ser humano, umbandista ou não, que buscar na expansão individual e coletiva o crescimento social e da Criação como um todo.

É impossível pensarmos em crescimento individual, passando por cima de outrem, subjugando quem quer que seja. Mais cedo ou mais tarde, este equivocado ser que caminha pela ignorância será paralisado em seus intentos e encaminhado aos domínios da Sagrada Mãe Obá.

O Divino Orixá Oxóssi, Senhor do Conhecimento, expande o tempo todo a todos aqueles que quiserem fazer deste aspecto da vida a grande arma para a evolução do Todo. Na Umbanda, todo médium que trabalhar neste sentido, colocando seu coração e sua vontade em prol do crescimento coletivo, será estimulado e expandirá rapidamente, em todos os sentidos.

Aquele que quiser usar da nossa escola evolutiva para, por intermédio do conhecimento, alimentar seu ego e seus propósitos mesquinhos, terá na Mãe Obá seu polo concentrador, que o redirecionará na senda do conhecimento.

Se falamos na Umbanda como maquete de uma sociedade ideal, não podemos abrir mão do terceiro sentido da vida e nossa terceira linha, a do Conhecimento. Devemos, sim, buscar o tempo todo a expansão pelo conhecimento dentro da Umbanda, para que ela, expandindo de fato, possa contribuir cada vez mais para a evolução sadia da nossa sociedade, no Brasil e no mundo inteiro.

Assim, ela começará, finalmente, a cumprir seus propósitos designados pelos Sagrados Orixás e pelos quais aguardam os mestres manifestadores e executores das suas vontade divinas.

Busquemos o conhecimento, afinal uma sociedade salutar e igualitária necessita de equilíbrio. A Umbanda equilibrada contribuirá em muito para o equilíbrio social em todos os meios desse nosso mundo manifestado.

Umbanda e uma Nova Sociedade: o Ser Humano em Equilíbrio com a Natureza

O ser humano tem buscado, ao longo dos tempos, o progresso, que nada mais é do que o avanço, seja este científico, tecnológico, ou qualidade de vida. Avanço este que traz a modernidade para o ser e o meio social em que vive.

A humanidade foi avançando tecnológica, cientificamente, e foi dando as costas a Deus, buscando racionalizar e, a partir daí, explicar tudo o que é natural. Resultado: não encontrou respostas condizentes ou próximas à realidade divina.

Os avanços foram afastando os seres humanos da Natureza, que é onde podemos encontrar Deus e suas manifestações (divindades) na plenitude, trazendo a nós os poderes divinos em sua maior intensidade. Quando demos as costas à Natureza, afastamo-nos de Deus, nosso Pai Criador/Mãe Geradora, e, de costas, tudo se tornou mais difícil. Observemos que, muitas vezes, um simples passo na vida de uma pessoa se torna um tormento. Então, não encontramos explicações para dificuldades, quando estas estão em nossos movimentos equivocados.

Movimentos que já começam de forma incorreta quando tentamos encontrar a solução para os mesmos fora de nós. Ora, sabemos que somos parte de um contexto, um conjunto, um condomínio maior, que é a Criação Divina! E, como partes fundamentais ao funcionamento deste condomínio, devemos saber também que, como em um mecanismo complexo, uma peça que não funciona bem prejudica o funcionamento do todo ao seu redor.

Por isso, nós, humanos, precisamos rever nossos conceitos e passar a enxergar as coisas de forma mais clara. Somos parte da Natureza, assim como todos os nossos irmãos que n'Ela manifestam a Vida. Sim, somos irmãos dos minerais, dos vegetais, do fogo, da terra, da água, dos cristais, do ar. Somos irmãos de todos os seres vivos. Somos peças deste mecanismo, cumprindo nossas funções, assim como estes irmãos cumprem as suas.

Portanto, não devemos imaginar que tudo o que há ao nosso redor foi construído por Deus para o benefício da humanidade, quando nosso Pai/Mãe criou tudo para nos beneficiar e agradar. Convenhamos, este pensamento é absurdo!

Já conscientes de que somos parte da Natureza, sabemos então que com Ela devemos viver em harmonia. Então, para que esta convivência harmônica se dê na prática, devemos respirar um ar puro, ter água potável límpida, vegetais e minerais saudáveis. Sim, tudo o que é vivo deve ter sua saúde preservada. Vamos definir aqui saúde como o motor da vida. E, quando o motor não funciona bem, o mecanismo para. Quando para, não produz mais os movimentos necessários para o avanço almejado e planejado por Deus. E, parando, prejudica o andamento do mecanismo maior, que é o Todo.

Deus, Ciência, Humanidade e Natureza

Antes que nos acusem de negadores da Ciência, vamos trazer aqui algumas definições importantes, passadas a nós por Mestres Dirigentes, Anciãos e Orientadores da Ordem Mágica Caminhos da Evolução:[1]

1 – **Ciência Maior:** nosso Deus Pai Criador e Mãe Geradora que é, em Si, o próprio Conhecimento, a própria Sabedoria. Sem seu sopro divino, nada existiria, nem mesmo a ciência humana para poder contestar esta nossa definição.

---

[1]. A Ordem Mágica Caminhos da Evolução é uma instituição que se situa em nossa dimensão humana, atuando no lado etérico dos cemitérios, sob a irradiação evolutiva de nosso Pai Obaluayê. É formada em seu corpo por Magos da Evolução que atuam sob desígnio maior, contribuindo para o avanço da humanidade.

2 – **Ciência Humana:** Conhecimento humano adquirido a partir do método científico[2] de pesquisas e experiências.

Esta Ciência Humana subdivide-se, segundo os Mestres, em duas:

2a- **Ciência Humana Experimental:** é a ciência que conhecemos em nosso meio material, dita experimental, porque é a partir dela que as experiências iniciam, e quando obtêm um avanço condizente com métodos capazes de realizar bons resultados, chegam ao astral e têm continuidade por meio da...

2b- **Ciência Humana Avançada**: é a ciência dos espíritos humanos já desencarnados e que atingiram níveis de consciência mais elevados, espíritos que habitam e labutam além da terceira faixa vibratória ascensa à nossa, que é a neutra.

3 – **Ciência Natural:** esta ciência é experimentada pelos irmãos naturais, que vivem nas dimensões paralelas à nossa direita e à nossa esquerda, para as quais os portais de acesso estão na Natureza ao nosso redor.

Os Mestres e estudiosos da Ciência Humana avançada, interagem, em muitos casos, com seus correspondentes trabalhadores da Ciência Natural. Os trabalhadores da Ciência Humana Experimental só não interagem com seus correspondentes na Ciência Natural (esta também se subdivide em experimental e avançada), exatamente porque a humanidade encarnada e sua ciência deram as costas à Natureza.

É importante ficar claro que os Mestres da Evolução e guias espirituais de Umbanda não pretendem, em hipótese alguma, diminuir a ciência.

A Ciência Humana Experimental, bem como a Medicina, são e serão sempre importantes para a boa manutenção da vida na matéria. Portanto, não vamos nós, umbandistas, achar que as manifestações espirituais, naturais e divinas em nossa religião substituem ou substituirão a Ciência e a Medicina. Ambas existem com a anuência de Deus e são necessárias para a vida aqui manifestada.

---

2. Aglomerado de regras básicas dos procedimentos que produzem o conhecimento científico manifestado em nosso mundo material sem tirar sua importância para a evolução já conquistada pela Ciência Humana neste nosso meio.

Apenas trazemos o que a nós foi mostrado por Mestres e guias espirituais. Dizem eles que a nossa Ciência poderia ter avançado muito mais se não tivesse dado as costas a Deus, se tivesse compreendido a nossa Origem Divina como Ciência Maior manifestando-se em tudo e todos ao mesmo tempo e o tempo todo.

Mas também nos dizem esses mestres e guias que parte da responsabilidade disso tudo está no seio das religiões estabelecidas entre nós, que, muitas vezes, em vez de cumprirem suas reais funções de religamento, cumpriram funções de aprisionamento dos seres e esvaziamento das suas consciências. Este movimento fez com que muitos cientistas confundissem Deus com as religiões estabelecidas e associassem nossa Origem a mitos e folclores, pura e simplesmente!

Quando as religiões atualmente estabelecidas em nosso mundo material conseguirem enxergar as manifestações divinas como científicas e menos mitológicas, talvez a ciência humana possa enxergar Deus acima de tudo e todos e como sustentador(a) dela própria, a ciência experimental humana.

A Física Quântica já demonstra um movimento da ciência experimental humana neste sentido, mas entendemos que, quando nós, religiosos, nos abrirmos para as portas do conhecimento sem mitos e folclores, então, conseguiremos atrair aqueles que ainda não compreendem as manifestações de Deus como científicas.

Deus é Ciência e não há ciência sem Deus! A Natureza Mãe é manifestação viva e divina da Ciência Maior!

Umbanda, Natureza e o equilíbrio social

Nós, umbandistas, já sabemos que não podemos trilhar uma senda evolutiva sem a busca incansável pelo conhecimento. Nas nossas lidas devemos entender a Umbanda como uma escola evolutiva filosófico-religiosa que nos conduz pela trilha do conhecimento, para que possamos galgar degraus que nos elevem como consciências manifestadas na Criação e manifestadoras da Origem.

Durante toda esta obra, tentamos trazer aos umbandistas uma nova consciência, mostrando nossa escola evolutiva como partícipe ativa de uma sociedade que necessita de reparos, de cura até mesmo. Pois, desde a primeira manifestação da Umbanda, em 1908, todos os caminhos nos levam ao modo natural de vida que, hoje, se tornou, para muitos, uma utopia; é o que buscamos, mesmo que de forma inconsciente, quando adentramos um templo umbandista.

Nossa sociedade moderna, tecnológica e globalizada pode nos dar quase tudo, mas pode também nos dar a purificação que nos traz a água do mar, que um rio ou lago proporciona ao nosso corpo e ao nosso espírito? Pode nos dar o frescor que o vento suave traz à nossa pele?

Os recursos artificiais criados pelo homem iludem muito bem, mas nunca substituirão o que nos traz a Natureza, porque esta é Deus em nós e nos leva a Deus. E alguém pode perguntar: "Então, nossa sociedade só será realmente equilibrada quando voltarmos a viver na Natureza?".

Respondo: reequilibrar-nos-emos em todos os sentidos, inclusive socialmente, quando nos voltarmos para a Natureza, quando não mais priorizarmos um pseudodesenvolvimento que possa tolher, matar parte da natureza, derrubar uma árvore. Muito mais do que um crime ambiental, deveria ser considerado por nós e pela lei que criamos crime hediondo!

A Umbanda deve se voltar para a Natureza. Não devemos fechar os templos, é claro! Somos conscientes da realidade em que vivemos, mas voltar-se para a Natureza condiz em levar seus rituais periodicamente aos campos de forças naturais, para uma conexão natural dos médiuns e adeptos com as forças, energias, vibrações, mas também com os seres que nela habitam, em seus reinos e dimensões.

Parece difícil? Há a questão da violência e da incompreensão para com nossos rituais? Há sim, em muitos casos. Mas nós, umbandistas, já paramos para refletir acerca disso? Será que não somos os principais sustentadores desses preconceitos, quando usufruímos de um sítio natural e não nos preocupamos com o lixo que produzimos?

É importante sabermos que nossas oferendas colocadas em qualquer ponto natural transformam-se em lixo. E, ao contrário do que alguns dizem por aí, afirmamos, com base no que nos foi passado pelos guias espirituais que nos assistem neste trabalho, não mais do que uma hora é necessária para que recolhamos todo o material e levemos ao lixo.

Se todos nós nos mantivermos conscientes, se nos preocuparmos com o equilíbrio do meio ambiente, seremos umbandistas de fato, pois não se pode cultuar Deus por meio da Natureza e não cuidar dela. Sujar a Natureza é sujar a obra de Deus!

Se há dificuldades em nosso meio social, por que os líderes religiosos da Umbanda não se unem e trabalham, em suas regiões, pela aquisição de espaços naturais que possam servir aos nossos rituais? Devemos nos colocar perante o poder público como parte importante da sociedade brasileira, reivindicando sempre o que é, de fato, nosso direito.

Quando conseguirmos nos manter em equilíbrio com a Natureza, quando tivermos nela nossa fonte de vida, então nosso meio social, ainda que globalizado, tecnológico e urbano, será também mais equilibrado. Não vamos abrir mão de elementos naturais ao nosso redor, seja em nossas casas, quintais, em nossas ruas. Vamos nos cercar das vibrações da nossa Mãe Natureza o máximo possível e vamos, assim, encontrar a real felicidade (sem ilusões) na vida material!

Vamos encontrar na Umbanda a maquete de uma sociedade realmente justa, igualitária e em equilíbrio com a Natureza, pois, com certeza, esta é a grande vontade da nossa Mãe Umbanda, que nos traz o tempo todo as vibrações divinas sustentadoras da Vida.

Toda utopia pode deixar de sê-la, quando a ação toma o lugar da vontade! Reflitamos acerca disso!

Um Agradecimento Especial

Normalmente, colocamos os agradecimentos nas páginas de abertura das obras literárias. É uma praxe já estabelecida. Mas parecem sempre isolados, fora do contexto que se apresenta em seguida. Neste caso, o agradecimento não poderia acontecer senão aqui. E o faço agradecendo ao Mestre Rubens Saraceni, por todos os seus ensinamentos que foram e sempre serão essenciais para que possamos desenvolver nosso trabalho e nossas ideias, fundamentais para que nossos Mestres e guias espirituais de Umbanda tenham em nossos mentais a base necessária para a continuidade do trabalho a nós designado por Deus. Que nosso Pai Oxalá inunde sua coroa com suas bênçãos divinas!

E que todos os irmãos e irmãs que chegaram a esta obra tenham nela uma fonte inspiradora e estimuladora na busca pelo Conhecimento. Vamos desenvolver a Umbanda e seus potenciais a partir do nosso desenvolvimento potencial. Vamos levar nossa Escola Evolutiva a todos que pudermos, nos quatro cantos deste planeta.

Meu abraço fraterno a todos!

André Cozta
Médium, Escritor, Sacerdote de Umbanda e Dirigente da
"Ordem Mágica Caminhos da Evolução"

Comentário Final – Pai Thomé do Congo

Cada passo dado, a cada dia, deve representar uma pequena vitória na vida dos filhos e filhas encarnados neste mundo material. Mas esta vitória só será plena e real quando frutificar não somente para uma pessoa, mas para esta e tantas outras ao seu redor. Absorver este ensinamento divino, que humildemente trago aqui, é fundamental para que os filhos de pemba entendam, de uma vez por todas, o fundamento mais básico da Umbanda.

Acompanhamos o trabalho deste nosso médium, na construção desta obra, que, se não foi psicografada como tantas outras, foi orientada por mim e outros guias de Umbanda, além dos magos mestres da "Ordem Mágica Caminhos da Evolução". Durante este período, orientando-o, pudemos aproveitar os conhecimentos absorvidos por ele nos estudos que realiza, também orientados por nós.

Digo isso para que os umbandistas (e também os não umbandistas) que até este livro chegaram tenham a real compreensão de que a constituição deste se deu com muitas mãos, inclusive a do encarnado que a tornou possível no plano material onde vivem. E isso é importante para que mais umbandistas se estimulem a estudar e trazer novos ensinamentos e conhecimentos para a Umbanda.

Se a literatura umbandista, outrora, engatinhava, hoje caminha a passos largos para a sua afirmação. E, se falamos durante toda esta obra em uma escola evolutiva e filosófica que se manifesta como uma doutrina de fé na qual o conhecimento é seu pilar sustentador, devemos incentivar todo aquele umbandista curioso que se arvora no conhecimento a buscar novas ideias, para que a Umbanda tenha, cada vez mais, ensinamentos e diversidade.

Uma Escola Evolutiva não deve se apresentar com ideias prontas e cristalizadas. Deve, sim, desenvolver ideias e potencialidades, para que se renove cada vez mais com o passar do tempo, pois, renovando-se, vai renascendo a cada dia. Há uma fundamentação teológica na Umbanda que a sustenta e a confirma como manifestação de Fé por intermédio dos Poderes de Deus que vêm sendo discutidos desde a sua fundação, nas suas sete linhas básicas.

Promover discussões saudáveis e reunir-se para estudos é fundamental, pois uma escola sem estudos não é escola; uma escola evolutiva sem estudos nem do útero sai! Vamos, filhos e filhas de pemba, valorizar o estudo na Umbanda, pois, enquanto manifestarem a equivocada ideia de que não se deve estudar nesta religião, estarão fortalecendo e confirmando a ignorância.

A sociedade brasileira tem para consigo esta dívida com o conhecimento. Resiste, em vários campos ao estudo, nas mais diversas áreas da vida. Não seria diferente na Umbanda, quando chegasse (e já chegou) o momento de ela se apresentar como uma fonte incessante de Conhecimento. Por isso, todo aquele umbandista que tem sede de aprender deve ser um incansável militante em prol do conhecimento nesta religião, que é uma escola evolutiva fundamental na caminhada daqueles que a ela chegam.

Eu sou um Preto-Velho Pai Thomé do Congo; oriento o autor desta obra e digo a vocês que em tudo o que aqui foi escrito por ele se mostra a nossa intenção em trazer para a Umbanda uma proposta de crescimento que, acreditamos, seja boa para o desenvolvimento desta religião.

Mas ficaremos todos muito felizes, inclusive o autor encarnado deste livro, se a partir daqui novas ideias surgirem. Que venham os debates salutares! E que possam acrescentar à Umbanda, fortalecendo-a e cristalizando-a como uma escola evolutiva, filosofia de vida, religião de fé e amor, propagadora do conhecimento e maquete social transmutadora na vida dos humanos encarnados.

Que tudo o que aqui foi deixado possa ser aproveitado, ao menos minimamente, por todos que aqui chegaram! Minha saudação de luz, paz, amor e sabedoria a todos!

Saravá!!!!!!!
Pai Thomé do Congo

Conceitos Fundamentais

```
        ┌─────────────────┐
        │    UMBANDA      │
        │ ESCOLA EVOLUTIVA│
        └────────┬────────┘
                 ▼
        ┌─────────────────┐
        │ TEMPLOS SAGRADOS│
        │  DO CONHECIMENTO│
        └───┬─────┬─────┬─┘
           ▼      ▼      ▼
   ┌──────────┐ ┌────────┐ ┌──────────────┐
   │FILOSOFIA │ │RELIGIÃO│ │CIÊNCIA DIVINA│
   │ DE VIDA  │ │        │ │              │
   └────┬─────┘ └───┬────┘ └──────┬───────┘
        └───────────┼─────────────┘
                    ▼
           ┌─────────────────┐
           │  MODELO SOCIAL  │
           └─────────────────┘
```

Esta é uma síntese e também uma representação gráfica do que abordamos nesta obra. A **Umbanda**, nossa **Escola Evolutiva**, a partir dos **Templos Sagrados do Conhecimento**, atuando em nossas vidas e em nosso meio social como uma **Filosofia de Vida**, uma **Religião de Fé e Amor**, propagadora e conscientizadora dos seres que a ela chegarem a partir de uma melhor compreensão da **Ciência Divina**, tornando-se, assim, um **modelo** para uma sociedade justa, equânime e igualitária.

Assim pensamos e queremos ver nossa amada Umbanda, a partir do século XXI. E, se assim for a vontade dos umbandistas, facilmente se concretizará.

Meu Nome é Umbanda

Muito prazer, meu nome **é** Umbanda!

Estou sempre em sua vida, ajustando o que está desajustado, corrigindo o que deve ser corrigido, curando o que deve ser curado, desnegativando o que está negativado, desmagiando o que está magiado pela ignorância que assola a humanidade. Sou eu quem o recebe de braços abertos, quando você não tem mais aonde recorrer. É no meu colo que assenta sua cabeça e chora, à vontade, até que todas as suas lágrimas rolem levando embora suas angústias.

É nos meus braços que você sorri e compartilha com seus irmãos a alegria de viver em Deus, porque Ele/Ela é a **Razão** de estarmos todos aqui, inclusive eu, um caminho colocado por Ele/Ela para a sua **Evolução** e dos seus irmãos que comigo se afinizam. Chamo-me Umbanda, e me orgulho muito disso! Não por considerar meu nome belo e pomposo, mas por saber que este nome atrai o **Amor** de tantos que, a partir de mim, querem estender suas mãos servindo ao próximo.

E se a máxima deve ser "ama ao próximo como a ti mesmo", apregoada pelo maior Senhor da **Fé** que a humanidade já conheceu, então, cá estou para ser o veículo transportador e manifestador deste **Amor**.

Sou puro **Amor**, mas também sou **Fé** cristalizada e fortalecida, **Conhecimento** expansor de mentes e corações, **Justiça** Equilibrada e **Lei** Ordenada na vida dos seres que sob minha guarda se colocam; sou **Evolução** Transmutadora e Estabilizadora da **Vida**, porque, simplesmente, estimulo a **Vida**, a **Geração**, a **Criação** o tempo todo e para todos que sob meus braços estão.

Sou apenas isso. Levo a humildade e a caridade a você e a todos que me procuram. Sou o templo gigante no coração, simples e humilde na sua forma, que abarca e abraça todos que sob o **Amor Divino**, com humildade, se colocam, como servidores incondicionais da Criação, do Pai Criador/Mãe Geradora e do Todo.

Muito prazer, mais uma vez! Chamo-me Umbanda... e você?